古典文獻研究輯刊

三五編

潘美月・杜潔祥 主編

第35冊

《二十四孝》興衰史

李德生、李同生 編著

國家圖書館出版品預行編目資料

《二十四孝》興衰史／李德生、李同生 編著 -- 初版 -- 新北市：
花木蘭文化事業有限公司，2022〔民 111〕
目 4+174 面；19×26 公分
（古典文獻研究輯刊 三五編；第 35 冊）
ISBN 978-626-344-137-8（精裝）
1.CST：孝悌 2.CST：倫理學
011.08 111010338

ISBN-978-626-344-137-8

9 786263 441378

古典文獻研究輯刊
三五編 第三五冊 ISBN：978-626-344-137-8

《二十四孝》興衰史

作 者	李德生、李同生 編著
主 編	潘美月、杜潔祥
總 編 輯	杜潔祥
副總編輯	楊嘉樂
編輯主任	許郁翎
編 輯	張雅淋、潘玟靜、劉子瑄 美術編輯 陳逸婷
出 版	花木蘭文化事業有限公司
發 行 人	高小娟
聯絡地址	235 新北市中和區中安街七二號十三樓
	電話：02-2923-1455／傳真：02-2923-1452
網 址	http://www.huamulan.tw 信箱 service@huamulans.com
印 刷	普羅文化出版廣告事業
初 版	2022 年 9 月
定 價	三五編 39 冊（精裝）新台幣 98,000 元

《二十四孝》興衰史

李德生、李同生 編著

作者簡介

李德生，原籍北京，旅居加拿大，係加拿大文化更新研究中心研究員，致力於東方民俗文化和中國戲劇之研究。有如下著作在國內外出版發行：

《束胸的歷史與禁革》（臺灣花木蘭文化事業有限公司出版 2021 年 3 月）；

《粉戲》（臺灣花木蘭文化事業有限公司出版 2021 年 3 月）；

《血粉戲及劇本十五種》（上中下）（臺灣花木蘭文化事業有限公司出版 2021 年 9 月）；

《炕的歷史與炕文化》（臺灣花木蘭文化事業有限公司出版 2021 年 9 月）；

《煙雲畫憶》（臺灣花木蘭文化事業有限公司出版 2021 年 9 月）；

《京劇名票錄》（上下）（臺灣花木蘭文化事業有限公司出版 2021 年 9 月）；

《春色如許》（臺灣花木蘭文化事業有限公司出版 2022 年 3 月）；

《讀圖鑒史》（臺灣花木蘭文化事業有限公司出版 2022 年 3 月）；

《摩登考》（臺灣花木蘭文化事業有限公司出版 2022 年 3 月）；

《圖史鈎沉》（臺灣花木蘭文化事業有限公司出版 2022 年 3 月）；

李同生，北京人，自由撰稿人，致力明清史學研究。

提　　要

自漢以降，歷朝歷代的統治者均以「孝道」的旗幟，教民、使民、牧民，用儒家的「修身、齊家、平天下」和「忠、孝、節、義」的道德觀來統馭人民的思想認識，管理國家。元代，福建三明鄉儒郭居敬集納了二十四位古代孝子的孝行故事，編纂了《全相二十四孝詩選》（簡稱《二十四孝》）一書。因為文字淺顯易懂、詩句鏗鏘易誦，而且配有圖畫，寓目易識。因之，蒙童愛讀、婦孺樂見，長輩歡喜、鄰里親睦，保甲得安、道縣襃揚，政府支持、法統保障。如是官版發贈、鄉塾推廣、坊肆濫刻、善版披揚，近千年來，《二十四孝》版本無數、泛漫中國。影響所及，國內，漢、滿、蒙、回、藏，五族同閱：域外，日、韓、緬、越，東南亞，華僑共享。《二十四孝》積習成俗，談久成律。直至清室遜位，新文化運動興起，《二十四孝》始遭批判。文革爆起，《二十四孝》全面崩潰。「四人幫」被捕之後，道德得以重建。然而時代的進步，孝道之意，已非疇昔。筆者撰寫此文，擬將《二十四孝》之發端、成型、誕生及風行、泛濫、批判、崩塌和重建的全過程，進行簡單扼要的梳理，以供對這一課題有興趣並擬進一步研究的同好，增添一些磚瓦耳。

目

次

前言　哀哀父母，生我劬勞

「哀哀父母，生我勞瘁」這是《詩經‧小雅‧蓼莪》中的詩句，生動地表達了子女對父母的思念憂慮，和未能隨侍身邊替代他們勞作，減輕他們負擔的愧疚心情。「父兮生我，母兮鞠我。拊我蓄我，長我育我。」父母哺育呵護子女，付出了辛勞，付出了愛，回報父母養育之恩。當他們老了，照料他們的生話，精神上給與慰藉，這便是「孝」。「孝」是人類獨有的情感，是每個家庭的黏合劑。

自漢武帝「獨尊儒術」之後，儒家思想便成為中國封建社會的正統思想，一直佔據著主流地位。儒家思想的核心是「仁」，子曰：「仁者，愛人」，而「愛人」首先是從熱愛父母開始，而後是「老吾老以及人之老」。擴大到社會層面上則，「始於事親，中於事君，終於立身。」孔老夫子對「孝」給與了社會意義，要求從孝敬父母出發，向忠君愛國進展，最終完善自我實現自身價值。是修、齊、治、平的出發點，也是仁義道德的基礎。

中國在封建社會的歷史階段，儒家思想一直佔據著主流，各種宗教都很難予以替代，其原因就是對「孝」的闡釋不同。基督教的「孝敬父母」不僅僅是回報父母的恩情，更是一種勸告，誡命，要遵從神的旨意，是對上帝虔誠的表現。穆斯林同樣認為孝敬父母是真主的命令，是功修的一部分。他們都是把神放在第一位。在敬奉神之後，聽從神的教誨去孝敬父母。佛教更是四大皆空，認為最大的孝是解脫父母的冤孽，超脫他們在人世間犯下的罪，使他們免去輪迴，把人帶入虛無的境地。而儒家倡導的孝，卻是實實在在的可望可及的存在。並且，發揚光大為進取的一種入世思想。從而，培育教化出眾多憂國憂民，「先天之憂而憂，後天下之樂而樂」的仁人志士。而闡述孝道的《孝經》和《禮記》等封建社會的教科書古奧難懂，只能給有一定文化知識的人來讀，不能普及到婦孺皆知的程度，在這種情況下，《二十四孝》便應運而生。

　　《二十四孝》一問世，便受到廣大的不識字，文化低的大眾歡迎，它深入淺出、寓教於樂，將古人行孝的故事廣泛傳播，以至達到了婦孺盡知、無人不曉的地步。在維護長幼有序的家庭關係中，起到了其他書籍不可替代的作用，極大地促進了自覺贍養老人，以孝為榮的社會風氣。

　　中華民族的孝道文化與其他民族之所以不同，在於中華民族很早就進入了農耕社會，作為社會生產的細胞，家庭式農耕經濟也隨之產生，形成了男耕女織、老少共同協力合作的最小的生產單位，並且根據生理特性進行了勞動分工。「男」字會意，強壯的男人要在田地裏努力耕作，「女」字象形，形容挑著扁擔為男人送飯的職能。老年男性，體力弱些，負責飼養牲畜，管理菜田，婦女除了送飯織布，還要做飯養育兒童等等。全家各盡所能，分工合作，有機的緊密團結在一起。然而，雖然有愛、有親情，一家人難免會出現矛盾，這就需要每個人都必須克制，都要遵守禮法，而禮教的核心，依然是「孝」。父慈子孝、母慈兒良。

　　父母對子女的愛是與生俱來的，原是一種動物的本性，而對父母之愛雖然也有天性，但不是人人都能始終如一、堅持到底的。原因是，其一，父母之愛主要表現在子女嬰幼時的哺乳，冷暖，成長和教育，無微不至。此時的子女幼小事事聽從，及至上學、工作、謀生之後，大多也聽從父母的意見。而贍養父母時，父母不是幼兒，往往有自己的意見，但是他們已經年邁固執，意見保守甚至昏聵，子女不能事事順從，矛盾就產生了。因此，必須強調要順從父母，及便他們不正確，也要順從，事後再迂迴娓婉地解決矛盾。於是，孝便增拓為孝順。其二，古人喜歡多子多福，兄弟多了，由於種種原因和種種藉口，產生相互依靠、互相推諉的問題。所以在大家庭裏，孝不是一個簡單的回報父母養育之恩，而是要遵守禮教，按「禮」的要求來處理矛盾。

　　家庭式農耕除了血緣關係外，另一個重要因素就是土地把一家人束縛在一起，而家中的土地大多是祖輩的遺產，年輕人自己是沒有土地的，這就造成了長輩對田產房屋的所有權，再加上農業生產技術尚不發達，種地主要靠經驗，經驗和年齡成正比，長輩年齡大經驗最多，具有農業生產的領導權和技術的指導權，再加上養育晚輩時又做出了辛苦貢獻，天然地得到家庭的統治權。《二十四孝》也自然地站在了家長的立場上，盡最大努力地維護長輩的地位和利益，而晚輩從一生下來就只有服從，因而造成一些老人對子女進行無底線的索取。如「乳姑不怠」，「為母埋兒」等。這也是《二十四孝》不足之

一。然而隨著歲月的更替，晚輩從被養育者發展到養育下一代，直至上升到家庭新的統治者，又可以從新的下一代人身上索取了，於是也就認同了「孝道」，因而使「孝道」與小農生產相輔相承的延續下來。《二十四孝》沒有考慮到家庭下層人員的利益和尊嚴，沒有提到父慈母愛，而失之偏頗。

《二十四孝》另一個不足是缺少邏輯思維，1922 年 12 月，大科學家愛因斯坦攜妻來到上海，他在日記裏描述了對中國人的感受。他說：「中國人缺乏邏輯思考的能力，沒有數學天賦，勤勞但是遲鈍。」很多中國人看見愛因斯坦的評論很不以為然，認為愛因斯坦有白人優越感，歧視中國人，遺憾的是愛因斯坦說的很衷懇，恰擊中了中國人的要害。首位進京佈道，建造了宣武門天主教堂的意大利傳教士利瑪竇，他在與中國的知識分子的接觸中，也敏銳地發現中國人缺少邏輯思維。為了勾通東西方文化，與徐光啟等人合譯了歐幾里德著的《幾何原本》，試圖通過幾何證明，向中國人介紹邏輯推理。中國古人很少涉及到抽象思維，更多的是形象思維。形象思維具體生動便於理解，但缺少嚴謹的科學性，似是而非易產生歧意。如「嘗糞憂心」，糞便雖然是從體內排出，用現代技術化驗也能知道細菌的種類含量，以及是否有血液和癌細胞，怎麼能知道病情如何？這不過是帶有侮辱性地試探晚輩盡孝的程度。「恣蚊吮血」就更不像話了，為什麼不去燃些艾蒿薰除，而忍心看著晚輩受蚊吮之苦呢？一些為了顯示孝道不但能感動人，還能感動神的故事又當別論。如「孝感動天」象為之耕、鳥為之耘，都不能用邏輯推理來理解。當然這不只是《二十四孝》所特有的不足，而是中國古人共有的不足。至於封建統治階級有意將這些邏輯不足的故事和道理，引導至「修身、齊家、治國、平天下」的政治層面，其實，也是一種用心良苦的「御民有術」罷了。

總之，孝道在中華文化中有著特殊的地位，貫穿著整個農耕社會的始終，是中國傳統倫理的根源。儘管《二十四孝》存在著這樣那樣的不足，其在封建時期的宣傳教化作用也是不可否定的。本書的作者將《二十四孝》的起源、成書、風行、成俗，以至發展到皇權護佑、全民膜拜的頂峰，然又隨著近代的政治經濟生活的巨變，驀然被拉下神壇，甚至遭到了徹底崩塌的全過程，進行了簡單的梳整。試對這一課題能為深入研究者墊以一磚一石耳。

李同生

2022 年 3 月寫於北京寓中

一、孝字考

　　今天研究「二十四孝」這一古老的命題，我想應當先從「孝」字入手，而後抽絲剝繭，覓蹤續跡地深入展開，當是一件十分有益而且有趣的事。

　　古人造字，用心良苦，每個漢字都是經過精細地設計，包涵著深刻地經濟、文化、物理、人性等多方面的含義。「孝」字的生成，同樣無比精深地反映著古往今來的世態人倫和道德風貌。我們從商代殷墟出土的甲骨文中發現，遠在三千五百年前，「孝」字就早早地誕生了。它的字型結構，上邊是個「耂」字，即古代的「老」字，下邊則是個「子」字。「耂」和「子」二字合在一起就是一個「孝」字。上「老」下「子」，上慈下孝，尊老愛幼之情躍然紙上，可以說「孝」字思想就是孝道文化的源泉。

　　古人是如何界定人生為「老」的呢？《管子‧海王》篇說：「六十以上為老男，五十以上為老女」。《說文解字》稱：「七十曰老」。《禮記‧曲禮》篇則稱：「七十以上曰老」。總之，依習俗的界定，六十歲以上的人即可稱「老」了。甲骨文中的「老」字是什麼樣子呢？

上圖為商代甲骨文中的幾個「老」字

　　「老」字，像一位頭上盤髻的老年人，一隻手吃力地拄著一根有著分椏的拐杖，佝僂著腰，緩慢地行走，多麼形象生動。到了商代的晚期，「老」字下半部的拐杖改成一個「匕」字。也就是說，進入老年的人，牙齒脫落了，自己不便進食，需要別人用勺子餵食了。總之，「老」字字型的變化再也沒有離開這兩個基本符號。那麼，古代的「子」字又是什麼樣子呢？我們從殷墟出土的不同時期的甲骨文中發現，「子」字，是從描摹剛出生「嬰兒」的形象，逐步變化而來的。如圖：

上圖為初商及中商時期關於「子」字的幾種寫法，皆以嬰兒的兒髮、囟門、大頭和襁褓的外型為依據，形象而簡約地描繪出來的。下圖左是晚商時期「子」字變得減化，但仍保留嬰兒的特徵要素。下圖右側則是秦篆、漢隸和晉代真書的「子」字。

　　「子」字，是個象形字。《說文解字》所說：「子，十一月陽氣動，萬物滋，人以為稱象形，凡子之屬皆從子」。從字型發展過程上看，甲骨文中最初的「子」字，像個生有胎髮的嬰兒頭顱和兩脛。後來，簡化了胎髮，改為嬰兒頭部的囟門。該字到了西周時期，結構又發生了變化，上肢被襁褓包裹，露有頭臚。到了籀文時期，則在嬰兒囟門的字形下加了一個「兒」字形的符號，許慎解釋「兒」字說：「籀文子，囟有髮，臂、脛在兒上」。到了商代末年，「子」的寫法就完全線條化了。兩隻手連成一個斜短橫，身子和下肢已簡化成一條稍斜的垂線，只強調嬰兒頭大的特點。楷書中的「子」字便是由此演化而來。

　　說到古「孝」字，則是「老」字和「子」字的兩組符號合併而成。老在上，子在下，兒子代替了拐杖，背負老者前行，這便成了「孝」字。《說文解字》謂：「善事父母者。從老省，從子。子承老也。」《禮記》注曰：「孝者，畜也。順於道，不逆於倫，是之謂畜。」孝，即孝順。《爾雅》曰：「善父母為孝。」《孝經》曰：「元氣混沌，孝在其中，天子孝，龍負圖；庶人孝，林澤茂。」到了漢代，我們常用的隸書「孝」字便已成形了。

二、自漢以降的「孝治天下」

　　孝，即是孝道。孔子在向他的門人孟懿子解釋這個字時說：孝既是「無違」。也就是說，行孝道，事事不要違背父母的意願。宋代理學家朱熹進一步注釋為：「善事父母即為孝」。孝敬父母，是我國千百年來傳統美德之一。

　　「烏鴉反哺，羊羔跪乳」，古人借用禽鳥動物的生理形態，進行生動形象的比喻，說：「禽獸尚且如此，何況為人子呢？」供養父母，以孝事親，乃是天經地義的事情！宏揚孝道，自古就被提到「厚人倫，美教化，移風俗」（見《詩經大序》）的高度來對待。而且，經過歷朝歷代的發揚光大，兒女行孝成為久衍不衰的中華美德。

　　因此，從字形、字面上來看，「孝」的本義就是盡心盡力地奉養父母。向父母長輩提供衣服、食物等生活資料，「以其飲食忠養之」，滿足父母的物質需求。也就是贍養父母。不過，這只是個狹義上的解釋。

　　「孝」的進一步引申，則是一個「敬」字。子女必須向父母有發自內心的尊敬。《禮記‧祭義》說：「養可能也，敬為難」。子女要做到「晨昏定省」，「舉止謙卑」，「父母在，不遠遊」，要知道「身體髮膚，受之父母，不敢毀傷，孝之始也」（《孝經‧開宗明義章》），「三年無改於父之道」，「孝之終也」（《論語‧學而》）。這種「孝道」，終為統治者所利用，從理論上升為治國之道。於是，「孝」就不單單限於對父母長輩的孝順了，更是包含了一系列倫理道德準則。《禮記‧祭義》指出「事君不忠，非孝也。蒞官不敬，非孝也。朋友不信，非孝也。戰陳無勇，非孝也」。尤其，「忠於君王」更是「孝」的精髓。古人謂「家國一體」，就是說家與國是不分的，對皇帝來說，「普天之下，莫非王土。天下男女、具是子民」。就這樣，把孝順父母和忠於皇帝兩個概念，完美地結合在一起了。

　　史稱，漢初孝惠帝、孝文帝既自身踐履孝道大義，又推廣至治國方略，

開創了漢代「以孝治天下」的教化模式。漢朝沒有建立科舉制度，漢代官吏選拔採用的是「察舉制」，各個郡縣的地方長官在自己的轄區內隨時考察、選取人才，通過推選「孝廉、茂才、察廉、光祿四行」等不同層級，把有關人才推薦給上級或中央，經過試用考核後，再任命相應官職。朝廷在考察人才時，更重注其人的孝行和口碑，且取得了較好的效果，開創了一個「長治久安」的太平時代。後來，歷朝歷代的皇帝或真心、或假意地紛紛傚仿，將「孝」字大旗舉了兩千多年，一部《孝經》也就念了兩千多年。

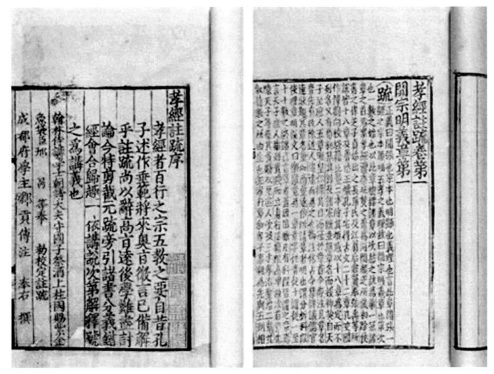

上圖為明版《孝經注疏》書影

　　《孝經》集孔子七十弟子的遺言，成書於秦漢之際。自西漢至魏晉南北朝，百家集注，其核心之意在於教民與牧民。孔子說：「夫孝，天之經也，地之義也，民之行也。天地之經，而民是則之。則天之明，因地之利，以順天下。是以其教不肅而成，其政不嚴而治。先王見教之可以化民也，是故先之以博愛，而民莫遺其親；陳之以德義，而民興行；先之以敬讓，而民不爭；道之以禮樂，而民和睦；示之以好惡，而民和禁。《詩》云：『赫赫師尹，民具爾瞻。』」他從理論上，把遵守踐行孝道與求爵取祿聯繫在起來，形成了「孝道」社會化最強勁的推動力。

古代正史中最早專門記載孝子、孝義的文字見於《後漢書》，其中，有《劉趙淳于江劉周趙列傳》一章，專門為漢代諸多孝子如：廬江毛義、汝南薛包、彭城劉平、會稽王望、掖人王扶、沛國趙孝、汝南王琳、瑯邪魏譚等人的孝行一一作了傳記。用這些孝子當社會楷模，進行道德教育。文前開宗明義地引用孔子論孝的名言：

> 孔子曰：「夫孝莫大於嚴父，嚴父莫大於配天，則周公其人也。」
> 子路曰：「傷哉貧也！生無以養，死無以葬。」子曰：「啜菽飲水，孝也。」夫鍾鼓非樂云之本，而器不可去；三牲非致孝之主，而養不可廢。存器而忘本，樂之遁也；調器以和聲，樂之成也。崇養以傷行，孝之累也；修己以致祿，養之大也。故言能大養，則周公之祀，致四海之祭；言以義養，則仲由之菽，甘於東鄰之牲。夫患水菽之薄，干祿以求養者，是以恥祿親也。存誠以盡行，孝積而祿厚者，此能以義養也。

文中稱：「孝」是大德，至上之德，為人行事之根本和方向，也是維繫家庭關係和君臣關係的基本準則。假若「孝道」消隱，那就「黃鐘毀棄，瓦釜雷鳴」、「禮崩樂壞、國將不國」了。自古以來，統治階級「平天下」的策略，就是將「孝」文化貫徹到底。用「孝」淳化民德，化習成俗。因之，在漫長的封建歲月中，「孝」的宣傳、推衍，成了穩固血親、家庭、鄉黨、種族、君臣、國體的主要支柱。

儘管在帝王之家，為了權力和地位屢屢發生弒父弒母、弒弟弒兄、父奪子妻、子納父妃等非禮亂倫的勾當，要麼枉為人主，荒淫無恥、濫施權術、殺忠戮賢、禍國殃民。但是，朝臣對外掩人耳目，依然呼之為「至孝聖主、有道明君」。例如，鄭莊公自幼與生母姜氏不和，並與母決絕，指天發誓地說：「不到黃泉，決不再與母親相見」。事後，他殺死了自己的親弟弟，登基坐殿，面南稱孤。後來，為維護國君的尊嚴和體面，眾臣一再苦勸母子和好，以正國體。最終竟想出了一個掘地見泉的主意，母子在地道裏相見。這本是一個不講「孝道」的君王，而在史書上仍被描寫成一位「大孝子」，「掘地見母」反而成了一句宣揚孝道的成語，同時也成為帝王大孝的一段佳話。又如，唐太宗李士民挾武弄權，陰謀設計了「玄武門之變」，殺了親哥親弟、軟禁了父親，唯我獨尊，竊國稱帝。他本是個不肖之人，但權勢在手，亦為史書贊為「千古一帝」。這種「從國體計，為君王諱」，都是把一個「孝」字當了遮羞布。

三、《二十四孝》的發端

在相當長的歷史時期，封建帝王「以身為範、以身行孝」來教化子民。漢代江都易王劉非的國相董仲舒深知「孝道」的巨大作用，而奏請朝廷，從各地方縣、郡選舉孝廉方正之人到政府裏做官。也是要讓這些「孝廉方正」的官員以「孝」為垂範，做「忠、孝、節、義」的榜樣，用來影響輿論，教化四方。此後，既使有了科舉制度，「舉孝廉」的方法也一直延續下來，經歷了宋、元、明、清，直到清帝遜位才得以終止。歷代帝王和重臣都把「為孝」與治學視為同等重要，是知識分子的行為規範，而且，也是他們步入仕途的一大標準。社會輿論的倡導，道德人倫的教育，使「敬老行孝」部分，成為中華民族傳統文化結晶中的一塊璀璨的瑰寶。「孝道」也一直貫穿於普通民眾的日常生活當中。

嘉祥武梁祠出土的東漢行孝圖畫像磚拓片，反映著不同階層人的行孝表現。

漢代畫像磚拓片中子路送米孝親圖

漢像磚拓片「董永賣身葬父圖」

　　為了給社會樹立起孝道的楷模，自古以來為孝男孝女樹碑立傳的著作很多。西漢的經學家劉向曾著《孝子傳》數卷（已佚），南朝師覺授也曾著《孝子傳》八卷，而今也散佚無存。清代學者茅泮林將劉向、蕭廣濟、王歆、王韻之、周景式、師覺授、宋躬、虞盤佑、鄭輯等歷代作家散佚的孤本殘篇中，有關孝子行跡的著述彙編成《古孝子傳》一書，內容浩瀚、洋洋大觀。上至帝王公卿、縉紳名士；下至販夫走卒、村婦鄉嫗，稱得上有孝無類，盡納其中。但因文字過於堆砌，事多陳腐，讀之者甚少，也未盡傳流。

　　根据近代考古的發現，在元人郭居敬編撰《二十四孝》之前，刻畫古人行孝的故事，從漢代就早已流行了。如舜帝、董永、魯義姑等人的行孝事蹟，就經常出現於古詩文和民間繪畫當中。正如前圖所示，「子路負米奉親」、「董永賣身葬父」的孝行事蹟，在漢代畫像磚拓上就已十分突出。到了宋、金時

代，考古工作者在現存古墓的繪畫、磚雕、石刻、浮雕和陶塑當中，古代孝子孝行的故事也發現了很多。可見在北宋中期，黃河中下游地區的古墓遺存中，就出現許多類似「二十四孝圖」的作品。但是，這些文物中出現的孝子人物數量參差不齊，少則一兩個，多則十個、二十個。其中的故事也多少有異、不盡相同。然而，這些行孝的故事和人物，已經都有了固定的組合，如：舜子、閔子騫、曾參、郯子、老萊子、蔡順、丁蘭、董永、郭巨、孟宗等人物，已陸陸陸續續名列其中了。

長治市長子縣碾張鄉南溝村金代古墓中的《二十四孝》壁畫

又如 2016 年，山西省考古研究所曾對長子南溝的金代墓葬進行了搶救性的發堀，收穫甚豐。這座金代古墓裏邊的棺槨和文物早已被人盜竊過，但內部石砌墓室尚保存完好，周遭墓壁上繪有「孝子圖」二十幅，如上圖所示，壁畫的顏色尚存，人物清晰，故事完整可識。例如，「孝子大舜圖」是選取其「耕於歷山」的情節，一男子戴樸頭，手持木棍驅趕大象耘田，空中有群鳥飛播種子。「孝子董永圖」，繪有董永行傭還債，辛苦勞作的情況。「丁蘭刻木行孝圖」則繪有丁蘭面對父母的偶像行禮如儀的畫面，如此種種，生動有趣。此外，在河南、山西等地挖掘出來的宋、金墓葬中，也有類似的圖像。人們一眼就能判斷出其中的故事情節。

　　1958 年，河南鄧縣學莊村金代古墓中，也出土了數幅近於「二十四孝」題材的畫像磚。例如「掘地得金」一幅，磚的表面光滑堅硬，且有殘存的顏色。圖中樹木蔥鬱，孝子郭巨身著黃領長袍、紅綠褲子、一腳踩鍬作挖土狀。郭巨的妻子著紅綠色衣，抱子而望，十分生動逼真。兩人中間有剛掘出的一釜黃金，上有紅色「金壹釜」三字，一看便是「郭巨埋兒」的故事，是一件畫像磚中的精品。這種圖像的模式化，也反映出「畫像二十四孝」在民眾中間已頗為熟悉。

河南鄧縣學莊村金代古墓出土的「郭巨埋兒」彩色畫像磚

　　除了壁畫，上世紀 70 年代，考古工作者在山西稷山縣馬村的一座金代古墓中，還發現了一套保存完好的立體陶塑「二十四孝」。正如下圖所示的故事為「負母行孝」。陶塑的製作工藝十分精美，人物比例均衡，神態有問有答，栩栩如生。現珍藏在山西博物院展室之中，長期供人參觀。

山西稷山縣馬村出土「二十四孝」之一「負母行孝」故事陶塑

　　山西省考古研究所還發掘了一座宋代末年的古墓，裏邊有一具保存完好的青石石棺。棺身後擋刻有櫺窗、板門。底座刻須彌座，束腰部分分欄有線刻「二十四孝圖」，正面四幅，依次為：郭巨埋兒、臥冰求鯉、鹿乳奉親、元覺勸父；右側九幅，依次為刻木事親、將小替大、抱侄棄子、曾參向父、扼虎救父、伯俞泣杖、割股奉親、懷橘遺親、劉殷行孝；背面兩幅，分別為孟宗哭竹、曹娥抱父；左側九幅依次為：賣身葬父、田真行孝、姜詩行孝、蘆衣順母、孝感天地、明達賣兒、萊子娛親、鮑出背母、蔡順拾葚。其中的故事與後來郭居敬編撰的「二十四孝」只有些許差異。足已表明，早在北宋中期「畫像二十四孝」業已成型，而且也有了粉稿定式。這與郭居敬所編撰《全相二十四孝詩選》的時間，要早上二百多年。

四、《二十四孝》的雛型

《押座文》

　　以上說的都是近代出土的宋、金時期的壁畫、雕刻之類的「二十四孝圖」，而紙本、絹本的「二十四孝圖」發現甚少。唯有法蘭西圖書館收藏有敦煌《故圓鑒大師二十四孝押座文》一卷，是卷子裝的木版雕印本。高 20.1 釐米，全長 150 釐米。是一件麻紙印造的稀世珍品。據北京大學白化文教授在《敦煌漢文遺書中雕版印刷資料綜述》一文中介紹：該卷「五十六行。內首題一行，韻文句子五十五行，每行兩句。」可以說，此卷是中國「二十四孝」文化紙本的鼻祖。據專家考證，圓鑒大師可能是晚唐時代的高僧，但是乏跡可尋。若依《中國雕版印刷史》的考據，此殘卷可能是出自晚唐時期的民間刻本。

敦煌《故圓鑒大師二十四孝押座文》殘卷現存法蘭西圖書館

　　所謂《押座文》，是佛教法師講經說法前吟唱的一種韻白雜句，類似於後世小說、戲曲前邊的楔子或引子，也像鼓詞前的開篇。它是一種開場前引導觀眾專心聽講的一種說唱的方式。《押座文》內容通常精練簡潔，寥寥十數行，便能概括出一段經文的大義。此《故圓鑒大師二十四孝押座文》殘卷是 1900 年至 1916 年期間，由英籍考古學家斯坦因在敦煌石窟發現的。全篇由七言韻詩的形式來講述「孝道」，雖未全面闡述「二十四孝」，但已涉及不少「二十四孝」的人和事。文中寫道：

　　　　須知孝道善無疆，三教之中廣讚揚。
　　　　若向二親能孝順，便招千佛護行藏。

> 目連已救青提母，我佛肩昇淨梵王。
>
> 萬代史書歌舜主，千年人口贊王祥。
>
> 慈烏返哺猶懷感，鴻雁纔飛便著行。
>
> 郭巨願埋親子息，老萊歡著彩衣裳。
>
> 最難誑惑謾衷懇，不易輕欺對上蒼。
>
> 泣竹筍生名最重，臥冰魚躍義難量……
>
> 如來演說五千卷，孔氏譚論十八章。
>
> 莫越言言宣孝順，無非句句述溫良。
>
> 孝心號曰真菩薩，孝行名為大道場，
>
> 孝行昏衢為日月，孝心苦海作梯航……

這也是目前有實證可考、出現最早的「二十四孝」一詞的提法。這篇《押座文》中已經提及舜帝、王祥、郭巨、孟宗、老萊子等人以及他們在「二十四孝」中孝行的具體故事。

《敦煌變文》

此外，在俄羅斯博物館中還保存一篇標有《中國敦煌藏經洞遺書 P.3680 號》的元人手寫殘卷（即《敦煌變文集新書》第卷八），文中也書寫了「丁蘭刻木」、「聞雷護墓」等一些後來出現在「二十四孝」中的故事。如果再仔細讀來，文中還有一則「割股醫親」的故事。寫道：

> 「王武子者，河陽人也，以開元年中微涉湖州十不歸。新如至孝，家貧白夜織履為活。武母久患虜疾，人謂母曰：若得人肉食之，病得除。武母答人曰：何由可得人肉？新婦聞克，遂自割腿上肉作膳，奉送武母，母得食之，病即立善。何南尹奏封武母為國太夫人，新婦封郢郡夫人，乃編史冊。開元廿三年所作詩曰：武子為國遠從征，母病喰人肉始輕。新婦聞至方割股，阿家吃了得養來。」

如是《女二十四孝》的故事也已顯見端倪。

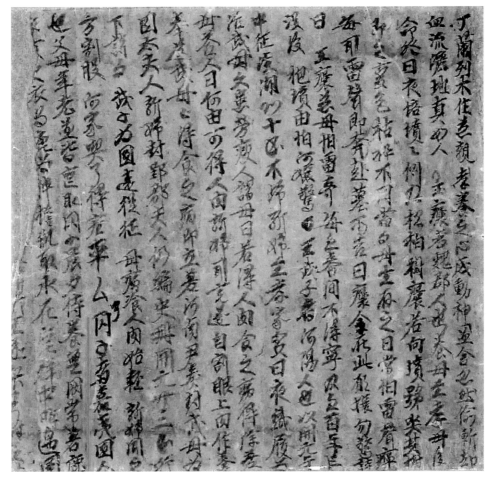

藏經洞遺書 P. 3680，內中書寫有「丁蘭刻木」、「聞雷護墓」、「割股醫親」等很多孝子
的故事。

《孝詩》

　　從現存史料分析，宋代應是《二十四孝圖》的定型期，由於皇室對程朱
理學的提倡，使其學說格外發達興盛。孝文化因之也達到前所未有的程度，
出現了許多關於「孝」的典籍文章和詩文。其中，對《二十四孝圖》有著最直
接影響的是林同撰寫的《孝詩》。這部《孝詩》一共有二百八十首五言絕句詩，
每首詩以一位孝子的人名為題。例如，他寫《大舜》：「孩提知所愛，妻子具而
衰；大孝終身慕，子於舜見之。」寫孝子《丁蘭》：「一靈長皎皎，如月不離
天；要以純誠感，非因刻像然。」寫孝子《江革》：「輓車極勞苦，逃賊最間
關；太息江巨孝，能為人所難。」寫孝子《姜詩》：「日常供鯉鱠，旦輒汲江

流：兒溺言遊學，妻還感遺羞。」寫孝子《郭巨》：「為養寧埋子，那知地有金：如何有天賜，且復怕官侵。」寫孝子《黃香》：「冬月常溫席，炎天每扇床：如何漢天下，只有一黃香。」寫孝子《閔子騫》：「參寧殺人者，三至尚踰垣：歎息子閔子，孝哉無間言。」還有《老萊子》：「七十已中壽，人生似此稀：絕憐老萊子，猶自作兒嬉。」如此種種。後來，郭居敬編纂的《二十四孝圖》中的孝子人物，均都出現在《孝詩》當中。

《孝詩》的作者林同，字子真，號空齋，是宋代末年福清人。他與其弟林合在當時都是很有影響的人物，他們的行跡不僅大孝，而且頗有民族氣節。在元兵殺至福州的時候，他們兄弟率眾以死抗爭。據《宋史‧忠義傳》稱其「嚙指血書壁，自誓不屈」。他撰寫的《孝詩》係江蘇巡撫採進，而錄入《四庫全書》的，其詩其名在當時朝野的影響極大。

《四庫全書》錄入林同撰《孝詩》書影

五、《二十四孝》的誕生

塾師郭居敬

　　到了元朝，福建三明出了位文化人，名叫郭居敬，他的職業是鄉塾的塾師。在教學的實踐中，他編寫了一部婦孺皆能讀通看懂的小冊子，全名《全相二十四孝詩選集》，也就是人們俗稱的《二十四孝》。在現存的《大田縣志》中記載：「郭居敬，字儀祖，四十五都人，博學好吟詠，不尚富麗，與仲兄仲實俱以詩名。性至孝，事親左右承順，得其歡心。既沒，哀有過而與禮稱。嘗摭虞舜而下二十四人孝行之概，序而詩之，用訓童蒙。時虞集、歐陽玄諸公欲薦之，牢讓不起。所著有《百香詩》行於世，見郡志。」日本國會圖書館收藏有崇禎版《尤溪縣志》的原刻本，志中記載：

　　　　郭居敬，尤溪八都小村人，篤學好吟詠，詩文不尚富麗。性篤孝，事親左右，承順得其歡心。既沒，哀有過而與禮稱。嘗摭虞舜而下二十四孝行之概，序而為詩，用訓童蒙。時虞集歐、陽玄諸名公，欲薦於朝，敬力辭不就。因喻子弟曰：昔周公有戎狄之膺，孔子嚴夷夏之防。吾既不能挽江河以洗腥膻，奈何受其富貴哉？終身隱居小村，以處士稱。其所居號秀才灣焉。

　　當今的《漢語大辭典》、《辭源》、《中國人名大詞典》、《文史辭源》則記載，郭居敬是大田廣平人。那麼，郭居敬到底是哪里人？

　　其實，這些記錄都沒有錯。宋代尤溪轄四鄉統八里，元時改里為團，明時則改團為都，共有五十團或都。大田於明嘉靖十四年（1535 年）從尤溪等地析出，歷史上長期隸屬延平府和尤溪縣，置縣後的三十都到四十都，四十四都至四十八都，有 14 個都均為尤溪故地。廣平為四十五都，與尤溪的八都小村毗鄰。

　　尤溪八都在縣城，《縣志》雖然記載郭居敬是那裡人，而且「終身隱居小村，以處士稱。」但據專家考證，自元代以來，八都小村並沒有郭姓人家定

居，也從未發現郭居敬的墓地。遂推論，郭居敬一家是移居到縣城居住去了，在城裏結識了虞集、歐陽玄等縉紳名人。這才有虞集和歐陽玄舉薦他到朝裏做官的事情。郭居敬具體的生年目前還不清楚，但其卒年在《大田文史資料》裏記載，為元至正十四年（1354）。在三明大田縣廣平村有一間郭氏祠堂，懸掛正中的匾額上寫著「太原堂」。據此有傳說稱，郭居敬為唐代名將郭子儀的後裔，福建的郭姓大多都尊郭子儀為始祖。此說並無實據，僅記此待考。

另據重新修建的「郭居敬博物館」負責人講：

> 郭姓在廣平村是第一大姓，郭晉鈸是郭氏輩分第二長的老人。他說，郭家自清以來曾經歷過兩次大災難：一次是康熙十三年（1674 年）藩王耿精忠曾在此有過一戰，包圍了郭居敬曾居住過的水城；第二次是在民國 6 年（1917 年），一陳姓土匪帶著 100 多人圍住水城，要村民交 300 銀元，交不出就燒城。這次大災燒死了郭姓村民七八十人，抓走了 200 多人，水城毀了，族譜也被燒掉。如今的族譜是 1928 年重修的，這也是族譜中沒有關於郭居敬更翔實記錄的原因。

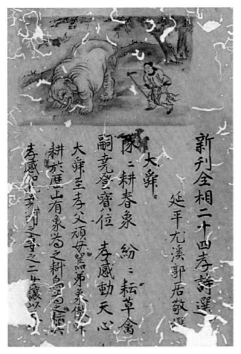

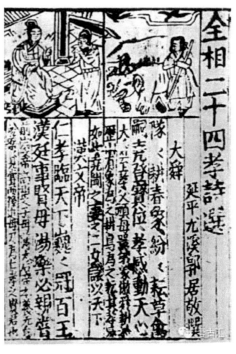

目前發現的最早的元代抄本《新刊全相二十四孝詩選》殘頁

目前發現的清初刊刻本《全相二十四孝詩選》書影

福建大田建縣於明嘉靖十四年（1535 年），建縣之前有相當大的一片地域

隸屬尤溪縣。所以,《大田縣志》的記載與《尤溪縣志》所敘之間並無衝突。民國十年（1921 年）商務印書館編纂的《中國人名大辭典》,也沿襲了這種說法。目前可以看到的資料中,關於郭居敬史料也只有這麼多。據當地人的傳說:「郭居敬一生隱居鄉村,為人至孝,曾被舉薦為孝廉,但他辭而不做,心甘情願地做一名鄉村教書的先生。因為他是一位普通的庶人,在官方的志書上能記載這麼幾句,已是相當了不起的事情了。在我們鄉間,郭居敬亦算是此地的一位大聖人。」

蒙元的壓迫

宏觀來看,郭居敬所處的時代,正是蒙古帝國入侵中國、盤踞稱帝的時候。他們對漢人施行著高壓統治政策,人如犬馬、命如草芥。對漢人施以苛政、刑罰、歧視和鎮壓,無所不用其極。他們將國人分為四等,第一等是蒙古人,第二等是色目人,第三等是漢人,對於南方漢人更劃為最下等的「南蠻」。同時,痛恨知識分子文化人,將其排為第九。其序為:一官、二吏、三僧、四道、五醫、六工、七獵、八娼、九儒、十丐（見鄭思肖《心史》）。他們把讀書人的地位壓到最下層,比娼妓還低賤,僅高於叫花子。文革中的「臭老九」的稱謂,便是就此得名。彼時讀書人稍有不慎,便遭牢獄之災和屠毒之苦。

在異族的高壓之下,「孝道」更成了凝聚家庭、鄉黨、種族的一種親合力。孝敬父母、愛護兄妹、尊師敬業、親近鄉里、衛護種姓,進而延至同仇敵愾、同袍築陣、忠君報國,共禦外侮的民族與政治的高度。用「孝道」啟蒙兒童,貫徹「孝道」、遵從「孝道」,成了一種「保種救國」潛意識的民族共識。身處「蠻夷」之地窮鄉僻壤裏的一代寒儒郭居敬,同樣受到這種異族統治的壓迫。做為一名塾師,他深知向蒙童傳授「孝道」的責任之重。他明白,向小孩子們講《孝經》、講《古孝子傳》是全無意義的,不如講些小故事,更能起到啟蒙的作用。於是,他把社會上已經廣泛流傳的孝子故事,選擇梳理出二十四個小故事,附之以詩,言簡意賅地述說「孝道」的大道理。這些故事大都取材於前人編纂的《孝子傳》,《藝文類聚》、《太平御覽》、《孔子家語》、《東觀漢記》、《三國志》和干寶的《搜神記》等書。所選內容的時間涵蓋面也十分廣泛,自唐虞始,幾乎包括了元之前的所有朝代。就人物而言,有帝王將相、達官貴人、儒士學子、平民百姓;從年齡上講,有老年人、中年人、青少年和幼童。書中有意識地為各式各樣的人物樹立孝行榜樣。從不同角度、不同環境、不

同遭遇而堅毅行孝的故事，來論述「孝」行的道理。而且配以圖畫，刻印成書，成為淺顯易讀，婦幼能識的通俗讀物，便廣泛地流傳起來。從鄉村進入城鎮，從陋室進入廟堂，從江南傳至塞北，從國內傳至國外，乃至高麗、安南，未及數載，國人幾乎人手一冊矣。

首先，插圖本的《二十四孝》孩子們愛看，正如魯迅在《朝花夕拾》中所說：他小時候，「收得最先的畫圖本子，是一位長輩的贈品──《二十四孝圖》。這雖然不過薄薄的一本書，但是下圖上文，……使我高興極了。那裡面的故事似乎是誰都知道的；便是不識字的人，例如阿長，也只要一看圖畫便能夠滔滔地講出這一段的事蹟。」

其次，家長們喜歡。教孩子們從小聽大人的話、明孝道，知禮儀，不造反，不鬧事，長大了孝敬父母，達到「養兒妨老，延續宗祠」的目地，多好！這種好書必讀必買，還可以談今論古，保留傳代。

同樣，《二十四孝》也受到鄉紳保甲、三老四少們的歡迎。鄉間人從小便知長幼有序、尊師敬長，成人後安份守己、各司其業。四鄰友愛，家和業興。夜不閉戶，無奸無盜，白髮垂髫，各得其樂。如此鄉梓，道縣押司寧不褒掖。

朝廷更加歡喜這種書，庶民知孝、百姓知禮，遵紀守法，從「娃娃抓起」。一本《二十四孝》，勝過千篇聖諭。如此「牧民之術」，何樂而不贊？何樂而不為？何樂而不推廣？遂諭示各級政府，大孝為先。鼓勵官本、坊本大量翻印，代聖人言，廣為傳播。自明清以來，蒙童教本發行最多者，莫過插圖本《二十四孝》。這也說明該書在中國城鎮農村中所具有的廣泛影響力。

另據《大田縣志》記載：郭居敬還「著有《百香詩》一書行世，見郡志。」但此書在國內已經失傳。據北京大學楊鑄先生介紹，現僅在日本京都龍谷大學圖書館發現一部明代抄本，題為《新編郭居敬百香詩選》一卷，前有元代至治三年（1323 年）尤恪慎《百香詩序》一篇，後有蔡文卿、盧可及、黃文仲題詩各一首。全卷抄錄詠物詩一百零一首，其中，第八十首與第八十一首，同以《春晚》為題，故實際吟詠對象為一百種，詩歌均為七言絕句，每首結句韻腳皆押「香」字，故稱《百香詩選》。係郭居敬取琴棋書畫、筆墨紙硯、春夏秋冬、漁樵耕讀、茶酒詩曲、花卉草木、風花雪月等為題，結語皆歸於「香」字，別具一格，芬芳撲鼻。《百香詩序》稱：「開卷圭復，語圓而意活，字俊而句清，馨香滿室，亹亹逼人，如遊栴檀國而登廣寒宮也。」因其詩作與本書主題《二十四孝》缺少關聯，僅摘錄幾首詩，大家一起共賞。從中也可以看到一

代鄉儒迴避亂世、遁跡山林的志趣：

《琴》：高山影裏希音遠，流水聲中古調長。可惜世無鍾子期，焦桐空帶爨煙香。

《棋》：柳蔭深深日正長，不知誰向靜中茫。幾回落子晴窗午，吟夢驚回春草香。

《書》：退筆成堆可冢藏，半生辛苦學鍾王。君看窗外寒池水，暖日濃薰氣墨香。

《畫》：流水無聲空浩渺，遠山有色甚微茫。豪端別有春風處，倚竹梅花帶月香。

——見自楊鑄《日本抄本郭居敬〈百香詩選〉》刊載
《中國典籍與文化》2007 年第一期。

六、《二十四孝》的稱謂

　　郭居敬何以只選了二十四個故事成書，並命名為「二十四孝」呢？為什麼不選用「二十五」、「二十六」或其他的數字呢？這個問題研究起來也頗有意思。

　　前人喜用「二十四」這個數字，這與古代中國的數字文化和中國人固有的心理文化有著密切關係。《周易》謂：「無理不成數，無數不成理；無理不成形，無形不成理；無形不成氣，無氣不成形。」形、理、氣、數，都是互相依賴影響促進的。「二十四」是個很有特色的數字，其源自農事二十四個節氣，即立春、雨水、驚蟄、春分、清明、穀雨、立夏、小滿、芒種、夏至、小暑、大暑、立秋、處暑、白露、秋分、寒露、霜降、立冬、小雪、大雪、冬至、小寒和大寒。而二十四個節氣，又跟日月運行有關。古人觀測天象，進行一步步地細化。日出日落，為一日；月圓月缺，為一月；日晷影子的回歸週期，為一年。再細分，則日短為夏至；日長為冬至。在商朝時，只有四個節氣；到了周朝時，便發展到了八個節氣；到了秦漢年間，二十四節氣的說法就完全確立了。因此「二十四」這個數字傳流最廣，即順口，也容易記憶。所以，士、農、工、商，用之最繁。

　　在著述方面，《正史》有二十四史，《古籍》有二十四考，二十四廉，二十四義。時間，有二十四時。物色，有二十四氣。占卜，有二十四香譜。敬佛，有二十四法圖。選美，有二十四佳麗。金蘭，有二十四友。文論，則有二十四詩品，二十四畫境。歷代詩人、詞人也多愛用「二十四」這個數字寫入作品之中，如，「二十四番花信風」、「二十四橋明月夜」、「二十四友一朝盡」、「二十四橋空寂寂」、「娟娟二十四橋月」、「一行二十四樓船」、「伶倫採竹二十四」、

「周郎二十四年少」……等等名句，唱之千古。足見「二十四」這個數字，對中國人和中國知識分子說來是非常熟悉，而且，特別富有詩情畫意的。

同時，「二十四」這個數字，又符合我們中國人喜用的偶數，二、六、十二、二十四、三十六、七十二、一百零八、三百六十，這類數字模式即吉祥、又喜慶。讀之朗朗上口，韻味鏗鏘，從這個角度來看，郭居敬只選二十四個故事，名之《二十四孝》也就毫不奇怪了。

七、《二十四孝》的內容

　　《二十四孝》都寫了些什麼？上了年紀的人在兒時大都讀過、看過。尤其上過私塾的人，大多還曾背誦過。自從近代新文化運動和多次教育改革後，國家陸續推行了統一的幼學新教材，《二十四孝》、《增廣賢文》、《弟子規》與《三字經》、《百家姓》等才都退出了歷史舞臺。今人大多只知《二十四孝》之名，而對於其詳細的內容多已不甚了了。本書意在研究《二十四孝》，故而還得贅言一番，力圖將《二十四孝》說得明白。筆者珍藏有上世紀二十年代出版最多、發行最久、影響最大的香煙畫片《二十四孝》提供出來，做為郭居敬所撰原文的附圖，筆者加以「述補」，一一道之如下：

（一）孝感動天

〔原文〕虞舜，瞽瞍之子。性至孝。父頑，母嚚，弟象傲。舜耕於歷山，有象
為之耕，鳥為之耘。其孝感如此。帝堯聞之，事以九男，妻以二女，
遂以天下讓焉。

〔詩讚〕隊隊春耕象，紛紛耘草禽。嗣堯登寶位，孝感動天心。

〔述補〕這是個古人編撰的寓言故事。郭居敬將之置於諸孝篇首，是說，為
人行孝實乃天經地義之事。舜，是上古傳說中的五帝之一，用現代語
境來說，他是父系氏族社會的一位頗有聲望的酋長。《竹書紀年》稱
其姓姚，名重華，號有虞氏。生而重瞳，孝順友愛，善於製陶。他的
孝行得到四嶽推薦和唐堯的認可，將國事禪讓與他。他在山西永濟
建都，立有虞國。即位之後，任賢使能，百業興旺，開創了政通人和
的局面。晚年禪位於治水有功的大禹，自己驅車巡行天下。卒於蒼
梧，葬於九嶷山下，諡號為舜。《史記》贊其：「天下明德，皆自虞舜
始。」

（二）親嘗湯藥

〔原文〕漢文帝，名恒，高祖第三子，初封代王。生母薄太后，帝奉養無怠。
母常病，三年，帝目不交睫，衣不解帶，湯藥非口親嘗弗進。仁孝聞
天下。

〔詩讚〕仁孝臨天下，巍巍冠百王。莫庭事賢母，湯藥必親嘗。

〔述補〕漢文帝劉恒是漢高帝劉邦的第四個兒子，也是西漢第三代皇帝。史
書記載，其母為薄姬。呂后臨朝稱制時，諸呂掌握朝中大權，殺戮劉
氏宗親無數。劉桓和他的母親終日慌恐不安，過著提心弔膽的日子，
唯恐遭遇不測。呂后去世後，太尉周勃聯合陳平粉碎了諸呂，迎立劉
恒進京繼位，史稱漢文帝，薄姬封為皇太后。劉恒即位後，勵精圖
治，興修水利，厲行節儉樸素，開啟了「文景之治」。他的母親身體
極弱，百病纏身，且患有驚恐之症，終日臥床不起，天天服藥。劉桓
每日上朝和下朝之後，都到後宮向母親探病問安，親侍湯藥，深具孝
心，頗為世人讚譽：「帝王如此大孝，庶民自當傚之。」此故事見自
《漢書藝文志》。

（三）齧指心痛

〔原文〕周曾參，字子輿，事母至孝。參嘗採薪山中，家有客至。母無措，望
　　　　參不還，乃齧其指。參忽心痛，負薪以歸，跪問其故。母曰：「有急
　　　　客至，吾齧指以悟汝爾。」

〔詩讚〕母指才方齧，兒心痛不禁。負薪歸未晚，骨肉至情深。

〔述補〕東漢的王充在《論衡》和干寶的《搜神記》中，都記有這個「齧指心
　　　　痛」的小故事。曾子是西周時代的人，姒姓，名參，字子輿，他是孔
　　　　子的學生。曾子倡導「孝恕忠信」、「修齊治平」的政治觀、「內省慎
　　　　獨」的修養觀和「以孝為本」的孝道觀。他參與編制了《論語》、《大
　　　　學》、《孝經》等作品，為儒教奠定了一系列理論基礎，後世尊之為
　　　　「宗聖」，配享孔廟。「齧指心痛」的故事，顯然是個杜撰出來的寓
　　　　言，但它深刻地表述了母子情感互通，彼此「肉連肉、心連心」，母
　　　　親齧指，兒則心痛，是寫古人心靈感應的一個有趣的例證。

（四）蘆衣順母

〔原文〕周閔損，字子騫，早喪母。父娶後母，生二子，衣以棉絮；妒損，以
　　　　衣蘆花。父令損御車，體寒，失紖。父察知故，欲出後母。損曰：「母
　　　　在一子寒，母去三子單。」母聞，悔改。

〔詩讚〕閔氏有賢郎，何曾怨晚娘？尊前賢母在，三子免風霜。

〔述補〕後母輕蔑、虐待前房遺子的事情，在古代傳奇、戲劇、野史和軼聞中
　　　　多有記述。在舊中國流傳的平民實事中，也多有這種事情發生。其結
　　　　果多是前房兒女，弱時忍度，復生怨恨。長成之後，則對繼母或譏
　　　　諷、或譴責，進而報復。至使家庭不和，親人反目，多生事端。而蘆
　　　　衣順母的故事，則是作晚輩的隱忍無怨，為了愛護幼弟和居家和睦，
　　　　寧願自己忍受委屈。採取「替長者諱」的態度來感化長輩，實是大孝
　　　　之為。這個故事出自《論語·先進篇》。主人公閔子騫生於公元前536
　　　　年，是蕭縣人氏。他是孔子的高足，德行堪與顏回並稱。迄今，蕭縣
　　　　有個「鞭打蘆花車牛返村」，是全國最長的一個村名。村口豎有一塊
　　　　石碑，上寫「鞭打蘆花處」。這都是當地人為了紀念閔子騫的孝行而
　　　　設立的。每當正月二十四閔子騫的生日，此地都舉辦三天古會，引來
　　　　方圓幾十里的群眾與會，人山人海，熱鬧非凡。足見「蘆衣順母」的
　　　　故事感人之深。

（五）為親負米

〔原文〕周仲由，字子路。家貧，常食藜藿之食，為親負米百里之外。親歿，
　　　　南遊於楚，從車百乘，積粟萬鍾，累茵而坐，列鼎而食，乃歎曰：「雖
　　　　欲食藜藿，為親負米，不可得也。」

〔詩讚〕負米供旨甘，寧辭百里遙。身榮親已歿，猶念舊劬勞。

〔述補〕春秋時期的仲由，字子路，亦稱季路，魯國人，也是孔子的學生。年
　　　　輕時家裏很窮，經常以野果野菜當飯吃。而把自己做工掙來的俸米，
　　　　不辭辛苦地從百里以外背回家給父母吃。一直侍奉父母仙逝。後來，
　　　　子路當了大官，每次出行，護衛車隊就有百輛之多，護從前呼後擁，
　　　　家中有糧米萬鍾，奴婢無數。他每次吃飯時，座位上鋪著奢華的褥
　　　　墊，擺滿珍饈食物。面對此情此景，子路便放下筷子，哀聲歎息說
　　　　道：「而今如此，我寧願還吃野果野菜做的飯，繼續從百里之外背米
　　　　回家供養父母。可惜，再也得不到這樣的機會了。」這個故事出自
　　　　《孔子家語》《致思》一章。正如古訓：「樹欲靜而風不止，子欲養而
　　　　父母亡。」實是孝子之悲也！「為親負米」是告誡後人：「行孝須及
　　　　時，不然後悔遲！」

（六）賣身葬父

〔原文〕漢董永，家貧。父死，賣身貸錢而葬。及去償工，途遇一婦，求為永妻。俱至主家，令織縑三百匹乃回。一月完成，歸至槐陰會所，遂辭永而去。

〔詩讚〕葬父貸孔兄，仙姬陌上逢。織縑償債主，孝感動蒼穹。

〔述補〕關於董永的傳說出現的很早，在出土的漢代畫像磚上就出現了董永的形象。傳唱至今的《天仙配》、《槐蔭記》、《雙麒麟》等戲劇和鼓詞，說的就是孝子董永的故事。據考，董永是東漢千乘人，也就是現在山東高青縣。他家中非常貧窮，父親死後，董永賣身富家為奴，換得銀錢安葬父親。這在當時是一大孝行，因之感動了上天。天帝遂遣七仙女下凡人間，在槐蔭樹下與董永結為夫妻。二人一起到了主人家幫傭。七仙女一月之間織成綾絹三百匹，為董永抵債贖身。在返家途中的槐蔭樹下，七仙女說明身世，相約翌年還在此相會，言罷辭別董永，凌空而去。次年，二人重逢，七仙女交付董永一子，言是二人根苗，囑其好生撫育，長成必是棟樑。果然此子聰穎過人，成年後終為朝廷重用，封為宰相。他便是名揚四海的董仲舒。此故事明顯是一杜撰，但流傳千年之久，足證人們對「孝道」十分敬重的世道人心。

（七）鹿乳奉親

〔原文〕周剡子，性至孝。父母年老，俱患雙眼，思食鹿乳。剡子乃衣鹿皮，
　　　　去深山，入鹿群之中，取鹿乳供親。獵者見而欲射之。剡子具以情
　　　　告，乃免。

〔詩讚〕親老思鹿乳，身掛褐毛衣。若不高聲語，山中帶箭歸。

〔述補〕剡子，亦稱郯子，姓已，子爵，是春秋時期古郯國的國君。古代郯
　　　　地，亦稱炎，古音讀談，春秋前後炎國演化為郯國。郯子在治理國家
　　　　時善講道德、廣施仁義，且依法律行事，恩有加、惡有報，百姓都心
　　　　悅誠服。經濟文化都很發達，民風也頗為淳厚，不少治郯的典章制度
　　　　都保持下來，對後世的影響十分深遠。這個故事是說剡子小的時候，
　　　　對父母天性孝順。父母年紀大了，都患上了眼病。聽醫生說，吃野鹿
　　　　的乳汁可以治好眼睛。但是鹿乳難得，剡子就想出了一個辦法，穿上
　　　　鹿皮做的衣服，裝成一隻小鹿，鑽進密林，混到鹿群當中，擠出母鹿
　　　　的乳汁，捧回家中供父母飲用。有一次，獵人以為是隻失群的小鹿，
　　　　便用弓箭瞄準要射他。他連忙伏地說明原委，逃過了一場大難。他的
　　　　這種孝行一傳十，十傳百，很快國人皆知。時謂：「上且如此大孝，
　　　　庶民焉可不效！」

（八）行傭供母

〔原文〕後漢江革，少失父，獨與母居。遭亂，負母逃難。數遇賊，或欲劫將
　　　　去，革輒泣告有老母在，賊不忍殺。轉客下邳，貧窮裸跣，行傭供
　　　　母。母便身之物，莫不畢給。

〔詩讚〕負母逃危難，窮途賊犯頻。哀求俱得免，傭力以供親。

〔述補〕江革是東漢時期齊國臨淄人，《後漢書》有《江革傳》云「建初，太
　　　　尉牟融舉賢良方正。再遷司空長史。肅宗甚崇禮之，遷五官中郎將。
　　　　每朝會，帝常使虎賁扶侍，及進拜，恒目禮焉。」可見，江革的孝名
　　　　甚篤。江革少年喪父，侍奉母親極為孝順。時因遭遇戰亂，天下不
　　　　寧。江革背著母親逃難，多次遇到匪盜的劫掠，江革背著母親東藏西
　　　　躲，幾度遭危。有一次，他們母子被一夥賊人劫持，賊人要挾他遺棄
　　　　母親，入夥為盜。江革跪地哭著哀告訴說：老母年邁，無人奉養，我
　　　　怎能拋棄生母，獨自求生哪？群賊見他孝順，深受感動，不忍再強迫
　　　　於他，便放他負母而去。後來，他一直背著母親跑到下邳，身無分
　　　　文，窮得連鞋子都沒有了，就為人雇工，掙得薄薪購買衣食，供養母
　　　　親。使老人安度晚年。四方鄰里知其大孝，為保甲縉紳共舉為孝廉，
　　　　入朝為官，肅宗皇帝對他也十分敬重。一直到年老致仕，歸隱山林，
　　　　留得大孝之名，千古垂範。

（九）懷桔遺親

〔原文〕後漢陸績，年六歲，於九江見袁術。術出桔待之，績懷桔二枚。及
歸，拜辭墮地。術曰：「陸郎作賓客而懷桔乎？」績跪答曰：「吾母性
之所愛，欲歸以遺母。」術大奇之。

〔詩讚〕孝悌皆天性，人間六歲兒。袖中懷綠桔，遺母報乳哺。

〔述補〕凡讀過《三國志》的人，對陸績皆不漠生。陸績，字公紀，吳郡吳縣
人氏，盧江太守陸康之子，東漢末年為朝廷重臣。史書記載：陸績六
歲時，曾跟隨父親陸康到九江謁見太守袁術。袁術擺出當地的特產
橘子來招待他們。陸績見此水果新奇，且甘甜多汁，便偷偷地在懷裏
藏了三個橘子。等到與父親一起告辭回家拜別袁術時，橘子都滾落
到地上。袁術便逗著他說：「小小的陸郎來到人家作貴客，還要在懷
裏私藏主人的橘子，這是怎麼回事呀？」陸績連忙跪下，不卑不亢地
昂首回答說：「我母親天生喜歡吃橘子，您這裡的橘子是剛摘下來的，
份外香甜好吃。我是想拿回幾隻給母親嘗嘗。」袁術見他小小年紀，
竟這樣懂得孝敬長輩，十分驚奇。便撫著他的頭說：「此子長成之後
必成大器。果然不差，陸績長成，博學多識，通曉天文曆法，星曆算
數無不涉覽。著有《渾天圖》，注《易經》。官至鬱林太守加偏將軍。
唯早慧命蹇，三十二歲而逝。

（十）乳姑不怠

〔原文〕唐崔山南，曾祖母長孫夫人年高無齒。祖母唐夫人，每日櫛洗，升堂乳其姑，姑不粒食，數年而康。一日病，長幼咸集，乃宣言曰：「無以報新婦恩，願子孫婦如新婦孝敬足矣。」

〔詩讚〕孝敬崔家婦，乳姑晨盥梳。此恩無以報，願得子孫如。

〔述補〕文中稱，唐代博陵地區，有一個名叫崔山南的人，他飽讀詩書，穎碩多才，曾官至山南西道節度使。據他自己說，小的時候，曾祖母長孫老夫人年事已高，牙齒已經完全脫落，不能進食了。他的祖母唐夫人每天早晨盥洗完畢，第一件事就是到曾祖母房中去，用自己的乳汁來餵養婆婆。許多年來，長孫老夫人沒有吃過一粒糧食，但是身體健康、精神矍鑠，每日談笑風生，全然不似暮年。但畢然年齡已高，有一天忽然病倒，臥床不起了。長孫老夫人自知來日不多了，便將全家大小召集在一起，指著媳婦唐夫人對眾人發願說：「我沒有什麼能報答媳婦的恩義了，但願孫媳婦將來也像她孝敬我一樣，孝敬她就好了。」這篇《乳姑不怠》的故事，是郭居敬撰的「二十四孝」中唯一的一個以女孝子為主角的故事。言簡意賅地反應封建家庭中，如何調停婆媳之間的關係。同時以此說法，告戒晚輩人要學習老一輩人孝敬父母的道理。

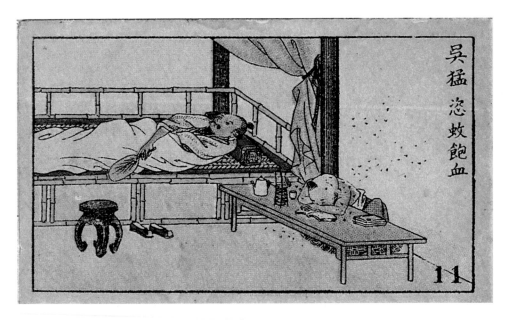

（十一）恣蚊飽血

〔原文〕晉吳猛，年八歲，事親至孝。家貧，榻無帷帳，每夏夜，蚊多攢膚。
恣渠膏血之飽，雖多不驅之，恐去己而噬其親也。愛親之心至矣。

〔詩讚〕夏夜無帷帳，蚊多不敢揮。恣渠膏血飽，免使入親幃。

〔述補〕晉朝濮陽人吳猛，年剛八歲，就非常孝敬父母。因為家裏貧窮，床
上沒有蚊帳，每到夏天的晚上，蚊蟲多在人皮膚上叮咬。吳猛總是
赤身坐在父親床前，任蚊蟲叮咬吸血，即使疼痛也不驅趕。是因為
他擔心自己一但離開，蚊蟲便會去叮咬父親。這是一個八歲孩子的
心理活動與邏輯推理。認為自己被蚊子叮咬了，就會減少蚊蟲對親
人的叮咬，雖然事實上並非如此。但是，孩子幼稚想法的深層，是
對親人深厚的愛。在史書中，吳猛實有其人，字世雲，以孝行聞名。
傳說吳猛在四十歲時，得到聖人丁義的神方，能以羽扇劃水渡河。
黃龍年間，又得到神人賜與的白雲符，遂以道術大行於吳晉之間。
干寶感其神異，作《搜神記》行於世。東晉孝武帝寧康二年，吳猛
羽化於「紫雲府」。宋徽宗政和二年，追封吳猛為道家真人，成為道
教的一代宗師。

（十二）臥冰求鯉

〔原文〕晉王祥，字休徵。早喪母，繼母朱氏不慈。父前數譖之，由是失愛於
　　　　父。母嘗欲食生魚，時天寒冰凍，祥解衣臥冰求之。冰忽自解，雙鯉
　　　　躍出，持歸供母。

〔詩讚〕繼母人間有，王祥天下無。至今河水上，一片臥冰模。

〔述補〕晉代琅邪人王祥，表字休徵，在三國曹魏及西晉時任朝廷重臣，在
　　　　政治上也是個可圈可點的人物。自出仕起，先後任縣令、大司農、司
　　　　空、太尉等職，封爵睢陵侯。到西晉建立後，曾拜太保，進封睢陵
　　　　公。年八十五謝世，諡號「元」。有《訓子孫遺令》一文傳世。《晉書·
　　　　列傳第三》記武帝詔曰：「古之致仕，不事王侯。今雖以國公留居京
　　　　邑，不宜復苦以朝請。其賜几杖，不朝，大事皆諮訪之。又以太保高
　　　　潔清素，家無宅宇，其權留本府，須所賜第成乃出。」可謂榮耀非
　　　　常。史傳，王祥性情孝順。生母薛氏早逝，繼母朱氏對他不好，多次
　　　　在王祥父親面前說王祥的壞話，所以王祥的父親不喜歡他，常讓他
　　　　打掃牛圈。但王祥毫無怨言，愈加恭謹。父母有病時日夜伺候，不脫
　　　　衣睡覺，湯藥必自己先嘗。一日，繼母想吃活鯉魚，時適值天寒地
　　　　凍，冰封河面。王祥卻解開衣服趴在冰上尋找鯉魚。此舉感動天地，
　　　　冰面忽然融化了，兩條鯉魚跳躍出，王祥得魚，攜回供奉繼母。此說
　　　　明顯偽造，但一代代傳將下來，弄虛似真，「臥冰求鯉」竟然變成成
　　　　語，常見於文牘之間。

（十三）為母埋兒

〔原文〕漢郭巨，家貧。有子三歲，母嘗減食與之。巨謂妻曰：「貧乏不能供母，子又分母之食。盍埋此子？兒可再有，母不可復得。」妻不敢違。巨遂掘坑三尺餘，忽見黃金一釜，上云：「天賜孝子郭巨，官不得取，民不得奪。」

〔詩讚〕郭巨思供給，埋兒願母存。黃金天所賜，光彩照寒門。

〔述補〕郭巨是東漢隆慮（今河南省林州市）人，他以孝聞名於世，「埋兒奉母」的故事始見於東晉干寶編撰的《搜神記》，清康熙《內丘縣志》也記載了這個故事，稱：郭巨早年喪父，有兄弟三人，父死後兄弟分家，獨留他侍奉母親。但是家境非常貧困，除了供養老人，他和妻子育有一個三歲的男孩。後來，他發現母親經常把自己的食物分給孫子吃，而自己不食。郭巨就對妻子說：「家裏如此窘困，我們不能很好地供養母親，孩子又分享母親的食物。不如埋掉兒子吧？沒了兒子，還可以再生，母親如果沒有了，是不能再有了。」妻子不敢違拒他，只能含淚隱忍。郭巨於是在後院挖坑，當挖到地下三尺多的時候，忽然發現地下埋有一小壇黃金，罐子上寫著字：「上天賜給孝子郭巨的，當官的不得巧取，老百姓不許侵奪。」這個故事顯然是民間社會對「孝子」和「孝道」的一種美好的想像。傳統禮教的維護者對其大肆宣揚，彷彿真事一般，矇騙著無數善男信女。

（十四）扼虎救父

〔原文〕晉楊香，年十四歲，嘗隨父豐往田獲傑粟。父為虎拽去。時香手無寸
　　　　鐵，惟知有父而不知有身，踴躍向前，扼持虎頸，虎亦靡然而逝，父
　　　　才得免於害。

〔詩讚〕深山逢白虎，努力搏腥風。父子俱無恙，脫離饞口中。

〔述補〕晉朝人楊香，順陽人。古順陽便是今日的河南沁陽。關於他的身世
　　　　與行跡並無詳考。此故事最早見於《孝子傳》，稱：「楊香，其父為虎
　　　　噬，忿憤搏之，父免害。」文中並未寫明楊香的性別。在民間傳說
　　　　中，有的說楊香是個男孩，有的說楊香是個女孩。《異苑》有記載云：
　　　　「順陽南鄉縣楊豐與息女香於田獲粟，父為虎噬，香年甫十四，手無
　　　　寸刀，乃扼虎領，豐因獲免。香以誠孝致感，猛獸為之逡巡。太守平
　　　　昌孟肇之賜資穀，旌其門閭焉。」此文中則明確注明楊香是個女孩。
　　　　楊豐這個人則是三國時期的遊俠楊阿若。入晉之後改名楊豐。不過，
　　　　大多數人都認為楊香應該是個身體很健壯的男孩。在很多版本的「扼
　　　　虎救父」圖中的楊香，大多是男孩的形象。他在手無寸鐵的情況下，
　　　　一心救父，不顧自己的安危，扼住猛虎的脖子不放，最終救下父親。
　　　　這是一種何等驚人的大孝！

（十五）棄官尋母

〔原文〕宋朱壽昌，年七歲，生母劉氏，為嫡母所妒，出嫁。母子不相見者五十年。神宗朝，棄官入秦，與家人決，誓不見母不復還。後行次同州，得之。時母年七十餘矣。

〔詩讚〕七歲生離母，參商五十年。一朝相見面，喜氣動皇天。

〔述補〕《宋史》有《朱壽昌傳》寫道：「朱壽昌字康叔，揚州天長人。以父巽蔭守將作監主簿，累調州縣，通判陝州、荊南，權知岳州。州濱重湖，多水盜。壽昌籍民船，刻著名氏，使相伺察，出入必以告。盜發，驗船所向窮討之，盜為少弭，旁郡取以為法。富弼、韓琦為相，遣使四出寬恤」。足見其為官有方，清正廉潔。據說他七歲的時候，生母劉氏與嫡母不睦，被父親休棄，不得不改嫁他人。母子有五十年不得相見。神宗年間，朱壽昌辭官不做，趕赴陝西去尋找生母。與家人告別時，發誓不見到母親絕不返回。後來，到了陝西同州，終於找到了生母。此時，母親已經七十多歲了。母子歡聚，其樂融融，一時朝野傳為佳話。

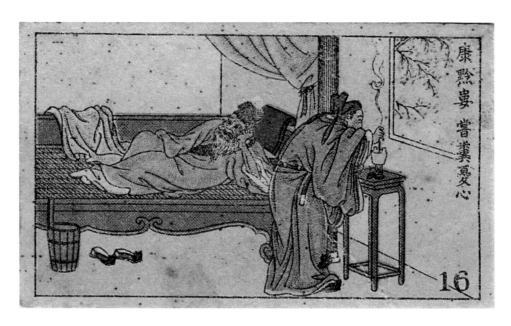

（十六）嘗糞憂心

〔原文〕南齊庾黔婁，為孱陵令。到縣未旬日，忽心驚汗流，即棄官歸。時父疾始二日，醫曰：「欲知瘥劇，但嘗糞苦則佳。」黔婁嘗之甜，心甚憂之。至夕，稽顙北辰求以身代父死。

〔詩讚〕到縣未旬日，椿庭遺疾深。願將身代死，北望起憂心。

〔述補〕古代庾姓源出有二，一出自顓頊高陽氏，以官名為氏。二出自周朝管糧倉的官員叫「庾廩」，因有功賜予庾姓。庾黔婁係南齊新野人，字子貞。其父庾庚易也是一代名儒，生性好靜，與世無爭。移居江陵，隱居不出。在其父的薰陶下，庾黔婁少時即好學，且性至孝，曾出仕齊為編令，後任孱陵令，再任蜀郡太守。到了梁代，他已官至散騎常侍。庾黔婁做官很有政績，以仁愛化俗，居官清廉。「嘗糞憂心」的故事是他當孱陵縣令的時候，到任還沒有滿十天，忽覺心驚肉跳，滿身流汗。他感覺到家裏可能出了大事，當即棄官歸家。進門方知父親已經生病兩天了。醫生囑咐說：「要知道病情吉凶，只要嘗一嘗病人糞便的味道就可以，糞便味苦就好。」黔婁於是就去嘗父親的糞便，發現味甜，內心十分憂慮，夜裏跪拜北斗星，乞求以身代父去死。幾天後，他的父親逝去，黔婁安葬了父親，並守制三年。這個故事與「齧指心痛」是同一類的心靈感應之說。

（十七）戲綵娛親

〔原文〕周老萊子，至孝。奉二親，極其甘脆。行年七十，言不稱老。常著五色斑爛之衣，為嬰兒戲於親側。又嘗取水上堂，詐跌臥地，作嬰兒啼，以娛親意。

〔詩讚〕戲舞學嬌癡，春風動彩衣。雙親開口笑，喜色滿庭闈。

〔述補〕周朝時的老萊子是個很神奇的人物，萊是一個姓，他的名子已失，所以只能稱其為老萊子。《史記》有《老子韓非列傳》，稱其曾著書十五篇已佚，均言道家之用。魯哀公六年，孔子受困於陳、蔡之間，曾拜訪老萊子，向他請教。老萊子曾勸孔子改變那種以賢能自負的態度。同時流露出戒除驕矜，淡泊名利，順乎自然的思想主張。他認為當官「受他人官祿、為人所制」，所以隱居山林，從不出仕。老萊子非常孝順。他伺候二老雙親，總是極盡所能地做可口的甘美的食物。他已年近古稀，但在父母面前從不言老。他經常身穿色彩鮮豔的百納衣，像嬰兒一樣在雙親身邊呀呀作戲。有一次，也在為老人端洗腳水時，故意跌倒，趴在地上，學小嬰兒的哇哇哭聲，逗得二老開懷大笑。

（十八）扇枕溫衾

〔原文〕後漢黃香，年九歲，失母，思慕惟切，鄉人稱其孝。躬執勤苦，事父盡孝。夏天暑熱，扇涼其枕簟；冬天寒冷，以身暖其被席。太守劉護表而異之。

〔詩讚〕冬月溫衾暖，炎天扇枕涼。兒童知子職，知古一黃香。

〔述補〕東漢的名臣黃香，字文強，江夏郡雲夢黃崗人，京師號稱「江夏黃童，天下無雙」。黃香好學，博通經典，落筆成章，文采飛揚，著有《九宮賦》、《天子冠頌》等文章行世。官至魏郡太守。黃香以孝行聞名，主要在於他「始於事親，中於事君，終於立身」，這也是儒家「修身、齊家、治國、平天下」倫理道德的一個重要核心內容。他遵從「為人之子，安親為上」的古訓，自幼就知孝敬父母，是一個著名的大孝子。九歲時母親去世，他終日思念感懷，極其感切，鄉黨們都誇他孝順。他見父親勞作辛苦，伺候父親非常盡心。夏天酷熱，他用扇子為父親扇涼枕席；冬天寒冷，他用身體為父親溫暖被褥。太守劉護聞之，大為驚喜，特意表彰他的孝行。《三字經》中，更有「香九齡，能溫席，孝於親，所當執」之語，流傳至今。

（十九）拾葚供親

〔原文〕漢蔡順，少孤，事母至孝。遭王莽亂，歲荒不給。拾桑葚，以異器盛之。赤眉賊見而問之，順曰：「黑者奉母，赤者自食。」賊憫其孝，以白米二斗、牛蹄一隻與之。

〔詩讚〕黑葚奉萱闈，啼饑淚滿衣。赤眉知孝順，牛米贈君歸。

〔述補〕蔡順是東漢時期的一個大孝子，《冊府元龜》說蔡順是汝南安城人。自幼喪父，少孤養母，人稱至孝。太守召為東閣祭酒，後又被舉薦為孝廉，應到朝中做官，但堅辭不就，一直在家俸養母親。《後漢書》記載了蔡順孝母有三件事。一是「齧指心痛」，與前面所述曾子的故事雷同。是古人心靈感應的例證。二是「抱棺迴火」，說蔡順母親去世後尚未下葬，靈柩還殯在家中，鄰居家中忽發火災，眼看就要燒到母親的棺槨，急得蔡順趴在母親的棺材上大哭。結果這把大火竟繞過了蔡順家，而直接燒到下家去了。」《汝南先賢傳》還記載了蔡順母親喪年，蔡順不治井，桔槔上面竟長滿扶老藤的事情，都是因其大孝感動天地。第三件事，則是「拾葚供親」。當年正逢王莽篡漢之亂，恰遇荒年，缺糧乏穀，只得拾桑葚充饑。他用不同的器皿把紅桑葚和黑桑葚分開裝著。一天，他被赤眉軍捕獲，賊首問他為何如此。蔡順回答說：「黑色熟透的桑葚是供給老母食用，未熟的桑葚是留給自己吃。」赤眉軍同情他的孝心，就送給他白米兩斗、牛腿一隻，放他回去供奉母親。

（二十）湧泉躍鯉

〔原文〕漢姜詩，事母至孝；妻龐氏，奉姑尤謹。母性好飲江水，去舍六七
　　　　里，妻出汲以奉之；又嗜魚膾，夫婦常作；又不能獨食，召鄰母共
　　　　食。舍側忽有湧泉，味如江水，日躍雙鯉，取以供。

〔詩讚〕舍側甘泉出，一朝雙鯉魚。子能事其母，婦更孝於姑。

〔述補〕姜詩，字士遊，廣漢郡雒縣汎鄉。東漢著名孝子之一。對母親格外孝
　　　　順，遠近聞名。永平三年，舉孝廉，授郎中，出任江陽縣令。史書對
　　　　其記載頗多，云：「姜詩妻者，同郡龐盛之女也。詩事母至孝，妻奉
　　　　順尤篤。母好飲江水，水去舍六七里，妻常溯流而汲。姑嗜魚鱠，又
　　　　不能獨食，夫婦常力作供鱠，呼鄰母共之。舍側忽有湧泉，味如江
　　　　水，每旦輒出雙鯉魚，常以供二母之膳。赤眉散賊經詩里，弛兵而
　　　　過，曰：驚大孝必觸鬼神。時歲荒，賊乃遺詩米肉，受而埋之，比落
　　　　蒙其安全。」
　　　　漢明帝聞其大孝，下詔立祀，彰揚「一門三孝」，還為其修建了姜公
　　　　祠。唐朝王勃和韓愈為其撰寫了碑文。宋英宗治平元年，修建孝感
　　　　廟。宋徽宗時期，追封姜詩為孝廣文王。

（二十一）聞雷泣墓

〔原文〕魏王裒，事親至孝。母存日，性怕雷，既卒，殯葬於山林。每遇風
雨，聞阿香響震之聲，即奔至墓所，拜跪泣告曰：「裒在此，母親勿
懼。」

〔詩讚〕慈母怕聞雷，冰魂宿夜臺。阿香時一震，到墓繞千回。

〔述補〕王裒，字偉元，城陽營陵人。東漢大司農郎中令王修之孫，司馬王儀
之子。西晉學者，王裒的父親因政見不同，被司馬昭殺害。他便永不
臣晉，隱居在家教授子弟。史稱：王裒自小操行良好，用禮教嚴格要
求自己。他身高八尺，容貌絕俗，聲音清亮，氣度典雅，博學多才。
悲痛死於非命的父親，不曾朝西向而坐，用來表示自己與政治絕緣，
永不入朝廷為官。他在父母的墳墓旁邊蓋起一間草廬，早晚都到墳
前跪拜。他的母親生性害怕打雷，母親死後，每逢打雷，他就跑到母
親墓前，扶墓而跪，連連說道：「兒王裒在這裡陪伴母親，母親不要
害怕。」他每讀《詩經》「哀哀父母，生我劬勞」，都悲傷地流出眼淚。
因王裒至孝，在其去世後，時人將其墓地以北的一座山丘命名為「慈
母山」，將流經山下的河流稱為「孝水河」，將其陵墓稱為「慈埠」，
這便是今日山東安丘市慈埠鎮的來歷。

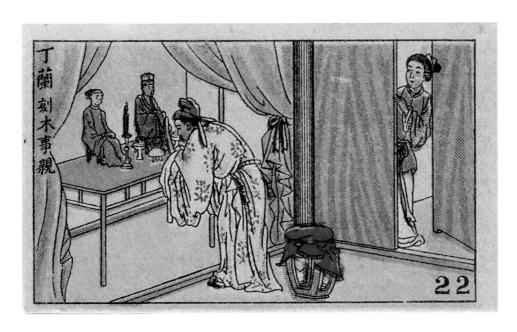

（二十二）刻木事親

〔原文〕漢丁蘭，幼喪父母，未得奉養，而思念劬勞之因，刻木為像，事之如
　　　　生。其妻久而不敬，以針戲刺其指，血出。木像見蘭，眼中垂淚。蘭
　　　　問得其情，遂將妻棄之。

〔詩讚〕刻木為父母，形容在日時。寄言諸子姪，各要孝親闈。

〔補述〕丁蘭，東漢河內的一位孝子。據明版《豐縣志》載：丁蘭，河南陳州
　　　　人，早年父母具喪。「子欲養而親不待」，於是，請人用木頭刻出父母
　　　　像供奉中堂，早晚叩拜，侍死如侍生。民間傳說：有一次丁蘭有事外
　　　　出，臨行前叮囑妻子侍奉好父母木像。妻子滿口答應，心中卻想：
　　　　「木像有何靈驗，供上一輩子也不能活。」丁蘭走後，妻子白天讓兒
　　　　子把木像當馬騎，夜晚用來當門栓。做針線活時，還用針紮木像的手
　　　　指。丁蘭回到家後，發現父母的偶像十指流血，眼中含淚。丁蘭生
　　　　疑，是晚木像託夢丁蘭，言之經過，丁蘭氣憤難平！一張休書把妻子
　　　　休回娘家。妻子悔恨萬分，再三賠禮認錯，保證日後執禮如儀，再也
　　　　不虐待父母的偶像了。夫妻二人復和好如初，同對木像虔誠供奉。此
　　　　事多見於先賢故典之中，留傳極廣。民國二十四年，興平縣長段民達
　　　　為丁蘭祠題寫了「誠孝格天」牌匾，提倡「百善孝為先」。而今興平
　　　　市子孝村建有丁蘭墓，被列為省級重點保護文物。

（二十三）滌親溺器

〔原文〕宋黃庭堅，元符中為太史，性至孝。身雖貴顯，奉母盡誠。每夕，親自為母滌溺器，未嘗一刻不供子職。

〔詩讚〕貴顯聞天下，平生孝事親。親自滌溺器，不用婢妾人。

〔述補〕黃庭堅是宋代大儒，他出生於江西修水的詩書簪纓之族。遠祖是西漢循吏丞相黃霸，歷大唐、南唐及宋，世代為官。祖父輩十三兄弟，十人進士及第。父親黃庶為大宋進士，黃庭堅自幼聰穎過人，讀書數遍就能背誦。五歲已誦《五經》。史傳，黃庭堅問其師曰：「人言《六經》，何獨讀其五。」老師曰：「《春秋》不足讀。」黃庭堅曰：「既曰經矣，何得不讀？」於十日成誦，竟無一字或遺。黃庭堅長成，於哲宗元符年間入朝為官，位居太史。然其天性極其孝順，雖然身居顯官，富貴異常，但是侍奉母親，依然竭盡孝誠。每天早晚，他都親自為母親洗滌馬桶，從無一日間斷，極盡兒子的孝順之責。

（二十四）哭竹生筍

〔原文〕晉孟宗，少喪父。母老，病篤，冬日思筍煮羹食。宗無計可得，乃往
　　　　竹林中，抱竹而泣。孝感天地，須臾，地裂，出筍數莖，持歸作羹奉
　　　　母。食畢，病癒。

〔詩讚〕淚滴朔風寒，蕭蕭竹數竿。須臾冬筍出，天意報平安。

〔述補〕孟宗，字恭武，是晉代的一位大孝子。他自幼讀書刻苦，不分晝夜，
　　　　被李肅譽為宰相之才。仕吳後，出任鹽池司馬。古籍中，記述了很多
　　　　孟宗聆聽母親教誨的事。例如，他在朱據帳下為軍吏時，曾把母親接
　　　　入軍營居住。一日晚上天降大雨，屋子漏水，他哭著向母親道歉，說
　　　　孩兒不孝，未能為母親遮風擋雨。孟母則告誡他說：「你只要努力前
　　　　行，哪裏有什麼值得哭泣的呢？」孟宗任雷池監司馬時，負責管理漁
　　　　業，曾自己織網捕魚，送給母親品嘗。孟母為了避嫌，又將魚送還到
　　　　公家。並且從此再也不吃魚了，這都在言傳身教鼓勵孟宗。孟宗對母
　　　　親也極盡孝順。一日母親病重，想喝鮮竹筍湯。時值隆冬，孟宗找不
　　　　到竹筍，就在竹林裏大哭。他的孝心感動了上蒼，忽然凍土裂開，冒
　　　　出幾根嫩筍。孟宗母親去世時，按照當時吳國的法律，地方守令不得
　　　　擅自離任奔喪，違此乃是死罪。孟宗全然不顧，回家奔喪，事後自行
　　　　到武昌聽侯發落。被陸遜所救，免於死罪。

八、《女二十四孝》的出籠

　　郭居敬編撰的《二十四孝》問世之後，盛行於世。有好事文人又相繼編輯出版了《日記故事大全二十四孝》、《二十四孝圖說》、《二十四孝詩文錄》、《二十四孝蒙童必讀》等等，一系列勸孝啟蒙的書籍也同樣十分流行。後來，又出現了一部專門描述古代女孝子孝行的《女二十四孝》。是清季著名的滬上藏書大家沈樹鏞珍藏的，同治癸酉上海翼化堂善書坊的重印本。其格式與郭居敬編撰的《二十四孝》基本相同，雖有續貂之嫌，但因時風所致，執政者的鼓勵，腐儒的吹捧，道學家的鼓譟，因此也倡行一時。只可惜，該刊本毀於「文革」抄家風中。唯留有此書的書影一幀，附之於此，謹供參用。

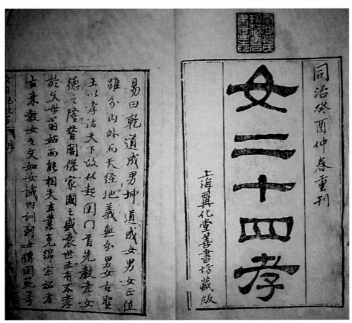

清季藏書家沈樹鏞珍藏的同治癸酉年上海翼化堂善書坊的
《女二十四孝》重印本書影

潘守廉《女子二十四孝圖說並詩序》

　　至於《女二十四孝》一書最早出現於何時？最早的編纂者是什麼人？姓氏名誰？目前均無實證可考。近年可以見到的早期刊本中，有清季署名對鳧老人編著的《女二十四孝圖說並詩》一冊，初刊於晚清末年。下圖所示書影，係上海三友實業社印行的一種再版本。

　　對鳧老人是何許人也？據現存的史料考證，他的名字叫潘守廉，字潔泉，號節園、雪巖。生於清咸豐元年（1851），是山東濟寧微山縣馬坡鎮潘莊人氏。潘守廉祖籍浙江雲和縣，詩禮世家，祖上三代在朝為官。潘守廉幼讀詩書，為人至孝。光緒八年（1882）得中山東鄉試第三十名舉人，光緒十五年（1889 年），考中己丑科第六十七名進士。據政協河南省長葛縣委員會文史資料研究委員會編纂的《長葛文史資料》第 5 輯載：潘守廉歷任河南南陽知縣、鄧州知府、長葛縣知縣。他精於文墨，善詩，著作亦豐，曾主持《南陽縣志》編修。

　　《中華民國史檔案資料彙編》《農商》第 412 頁記載：1927 年，山東頻遭荒旱，潘守廉組織東省旅居天津人士成立賑災協會，並自任會長，發起支持救助家鄉災情，謹呈內務部云：

　　　　今歲夏、秋，亢旱已久，繼以螟蝗，迭接各區函電，並面述苦
　　　況，咸稱此次災祲，遠被四十餘縣，失所者四百餘萬人，露宿風棲，
　　　流離道路，嚴冬又逼，啼饑號寒。魯西一帶，收穫十無一二。前方
　　　戰事未息，聞風驚避，以致凍餓倒斃者，狀尤可慘。非有鉅款賑濟，
　　　不足以拯民命。呼籲頻聞，實堪憫惻。爰集同人籌議，僉謂魯災較
　　　各省尤重，地廣人稠，恐難為繼。報載華洋義賑會向歐美諸邦乞賑，
　　　美、意、法各國已允資助，遠人悲憫，具有同情。守廉等誼屬梓桑，
　　　豈忍坐視。約集旅寓京津魯人開會，決議組織魯省災賑協會，擇定
　　　天津南市華鑫里地址，於本年一月十日，推選會長會員，正式成立。
　　　同人盡力倡辦，籌募衣糧，分別救濟，以蘇殘民。

　　足證，潘守廉人品方正，深存仁愛濟世之心。潘守廉著述頗豐，有《作新末議》、《對鳧緣景》、《論語鐸聲》、《千叟鐸聲》、《聖蹟圖聯吟集》、《木鐸千聲》、《女二十四孝圖說並詩》等書存世。因為他的家居於濟寧對鳧山下，故自許為「對鳧老人」為號，所著皆以此號署名。

　　潘守廉在自己編纂的《女二十四孝圖說並詩》的卷首中說：

　　「《孝經》開宗明義，即以孝為至德要道，《魯論》第一篇有子謂：孝悌為仁之本，則孝悌二字實我中土文明古國之基礎，為環球所不及。至元朝郭居敬始將伊古以來，孝行卓著者集二十四人名為《二十四孝》，以昭後世。至《二十四孝》及《女二十四孝》雖有俗間流傳之圖說，究竟創自何人？書缺。有間不過為書肆營業家之弁利品而已。去年新天津報館發現《白話二十四孝悌圖說》，鄙人曾每條各詠一詩，由救刼會捐印萬本施送」云云。

對鳧老人潘守廉肖像

潘守廉族譜書影

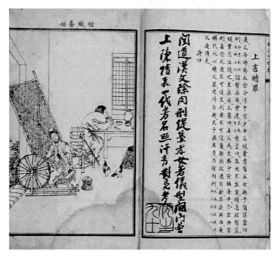

對鳧老人編纂的《女二十四孝圖說並詩》書影

依上文的說明，潘守廉並未說《女二十四孝》是他個人的發明，只是「每條各詠一詩」耳。「究竟原創於何人？」只能謂之「書缺」而已。儘管如此，清政府依然視之為國粹。潘氏在文後附有清政府表彰並《宣付國史館的文告》一則，寫道：

> 天恩俯準。特予旌表。並將其事蹟，宣付國史館，編入《節義傳》，以彰節烈而維風化。出自鴻慈，逾格除冊。結諉部外，理合恭摺具陳伏乞。望上聖鑒訓示奏。宣統二年三月二十六日。奉朱批著照所請該衙門知道。欽此。丙子三白潘守廉恭錄。

李樹春序

足見，彼時的政府和社會風俗對宣傳「孝道」依然是十分重視。時任山東省主席韓復渠軍事參謀的李樹春，為該書撰寫了一篇大序，極盡讚譽之詞：

> 夫孝為百行之首，萬化之源，人之恒德。固無分乎男女老幼，貴賤尊卑，皆當以此，為天天經地義者也。惟此二十四孝圖，所採吾國歷代女子之孝行，皆可歌可泣、震鑠古今之事。豈止女子所可貴，亦為男子所難能。而吾國之女子竟此之，固至堪崇尚者矣。如此圖說所列，上書救親、投江抱父、代父從軍、冒刃衛姑、手刃父仇、斫虎救母、剖肝救姑諸懿行，當其孤憤填膺、艱險不遜，見危授命，視死如歸，真天地為之感泣，山嶽為之崩頹，日月為之變色，無非基於孝之一念。其仁誼足以振萬古之綱常，其事功足以維千秋之名教。人心之所以不死，正氣之所業常存，胥於是乎賴。此誠吾國史上之光榮，吾中華民族之精神。蓋女子能如此，吾男子當何如耶！遂特重為刊印，以期廣為流傳，助人之善。繪者，多繪是圖，善書者，多書其事，執諸書案牆壁，家喻而戶曉之。女子固可奉為模範，男子亦可資為金鑒。庶幾孝吶，而國魂雄起，倫常重而民風歸厚。其於世道人心，不無裨補乎。

李樹春（1890～1945）字蔭軒，直隸（今河北省）清苑縣人。保定陸軍軍官學校第一期畢業。初任北洋陸軍第十六混成旅營長，歷經直奉戰爭、南口大戰、以及北伐戰爭。先後任國民軍陸軍中將，國民政府參謀本部參謀次長。因李樹春自幼好學，熟讀國學，五經四書，且通曉德文，瞭解時事，在軍中素

有儒將之稱。他與韓復渠有金蘭之交，一度充任軍事參謀。李樹春貌似武夫，志在疆場，但是，他的內心尊儒敬孔，尤重孝道。當他見到鄉儒潘守廉編纂的《女二十四孝圖說並詩》一書時十分欣喜，認為這是一部教化人心的好書。即使用在軍中，做為激勵男兒愛國尚武的立志教材也是非常實用。因之毛遂自薦，為該書的多次再版書寫大序。聲稱「蓋女子能如此，吾男子當何如耶！」並且撥出軍費若干，印行此書數千冊，在軍中廣為散發，一時稱為美談。

吳稚暉箋

甘為清流的民國元老吳稚輝，此時也跳將出來，積極鼓吹《女二十四孝》，稱《二十四孝》和《女二十四孝》仍然是不可棄之的「國民必讀」之書。他還為不斷重刊再版的《女二十四孝》題籤推廣。

細考，青年時期的吳稚輝真是個了不起的人物，他在江陰南菁書院讀畢，1891 年便考中舉人。1902 年赴日本留學，因帶領留學生大鬧清政府駐日使館被驅逐回國。在上海他與蔡元培、章太炎等組織愛國學社，為《蘇報》撰寫過很多反對清王朝統治的文章。1903 年《蘇報》被封，隻身逃往香港，轉赴英國。1905 年春，在倫敦會見孫中山，抱著「我不入地獄，誰入地獄」的決心支持革命，加入中國同盟會。並與中山先生共同商定建國大業，設計了中華民國國徽與國旗。他曾以雄健的筆鋒抨擊清室，「打倒封建，清賊不除，則四百兆人民無以為家」。他強調：「排滿革命，非種族上之問題國乃革命條件上之事類也。」

1911 年 10 月，武昌起義爆發，南方各省紛紛響應，清室崩潰。孫中山邀請他出任教育總長一職，但吳稚暉與一般人相反，堅決推辭，遂入清流，專心致力國民教育。率先提出打倒「孔家店」，清除封建根基，學習西方科學，培養新一代的有為青年。

但是，吳稚暉是個有名的大孝子，從小對「二十四孝」篤信無疑。迄今，在其祖籍常州雪南街四房里十五號對面，修葺一新「吳稚暉故居」的院子裏，地面上依然保留有一塊不大不小的「跪母石」。據說吳稚暉年幼時，母親體弱多病。每當母親病重臥床時，他就跪在院子裏的這塊石頭上為母祈福，求上蒼保佑母病早癒。此等孝心一直為周遭鄰里讚頌。遂將此石命名「跪母石」。吳稚暉生前對此石也別有青睞，說日後要把此石鑲到牆上，以表對母親的懷念。就是這樣一位「堅決與封建絕裂，一心打倒孔家店」的革命先驅，對「孝

道」二字則是終生不變的。到了民國三十年代，他為充滿糟粕的《女二十四孝》搖旗吶喊，並非是一件咄咄怪事！

民國元老吳稚暉像　　　　　　山東省主席韓復渠的軍事
　　　　　　　　　　　　　　參謀李樹春

民國三十年，上海毅成出版社編印的《二十四孝暨女子二十四孝圖編》，是在傳統「二十四孝」的基礎上又增加了「二十四則女孝子」的故事，由吳稚暉題簽在各報刊登廣告，並在書局和報攤售賣。吳稚暉同意編撰者丁頁的說法：「《孝經》現在沒有人讀了，《烈女傳》大概也沒有人看了，《二十四孝圖》我們也好久沒有看見了……現在的君子們特地印了《四十八孝》，這冊子可稱集歷代孝子於一書的完備著作了。」

為此，《申報》上還刊登了國民黨上海市黨部書記長陳寶驊寫的一篇《倫理建設之基本觀念》，文中提到：

> 「孝」字當然是最自然的從天性良知發出的倫理觀念，一個人
> 對於生我者的父母，知道自己的身體性命都是父母所賜，哪有不油
> 然而起孝順侍奉的心願？中國《二十四孝》的故事，都是可歌可泣
> 的，表現了最純良最崇高的道德形態。現在君主專制和宗法社會的
> 制度已經改革了，社會組織向著民主憲政的目標前進，然而「忠孝」
> 二字，還應該是倫理道德的最高標準。

對此，當時的一位作家季用撰文諷刺吳稚暉說：「最奇怪乃是矛盾永遠在一個人身上……主張孝為百行先，而大印『二十四孝圖詠』的，又何嘗不可以是隻手打孔家店的英雄？我所說東方老人之不足為訓者主要在此。」

嚴惠宇《煙畫女二十四孝》

　　嚴惠宇（1895～1968），名敦和，以字行。江蘇鎮江人，是中國著名的西民族工商業者、實業家。嚴惠宇出身於商業世家，幼讀私塾，經子飽學。後復讀政法，曾任揚州法院書記官。婚後定居上海，歷任上海金城銀行副經理，並於 1926 年，投資興建了上海大東煙草公司，自任董事長兼總經理。廠址設在呂宋路（今連雲路）修德里。初創時僅有捲煙機兩臺，生產「郵政牌」捲煙，以買一送一的方式推銷，月產約 200 餘箱，供不應求。民國 17 年公司擴股，增資為 20 萬元後改組成股份有限公司。由於資本雄厚、經營有方，使大東煙草公司儕身行業之首。在嚴惠宇事業頂峰之際，他還出任了華東煤礦公司董事長，四益農產育種場常務董事，上海溥業紗廠、杭州福華絲廠、南通大生紡織公司、揚州麥粉廠、鎮江水電公司常務董事等職，成為上海灘上頗具影響的實業家之一。

　　嚴惠宇一生尊儒克已，謹守家訓，對母至孝，言聽計從。其母愛聽崑曲，他便在故鄉成立了「新樂府」崑班，聘請崑曲老藝人，招收子弟，挖掘傳統戲，為崑曲的振興做出了很大貢獻。在崑曲史中寫出了濃重的一筆。嚴惠宇自身對崑曲也素有研究。在為母祝賀六十大壽之際，特意粉墨登場，自飾寇準，演出了久違舞臺的孝子戲《罷宴》，深獲好評。《罷宴》一劇出自清人楊潮觀所作的《吟鳳閣雜劇》之中，描寫北宋丞相寇準入朝之後，日益驕奢，夜筵無度。在其母女傭劉婆的勸說下，憶及昔日母訓，遂取消了奢侈的庭筵，歸於簡樸的故事。

　　在他出任大東煙草公司董事長之際，為了配合母親信佛還願，弘揚孝道特聘畫家設計繪製了《二十四孝》和《女二十四孝》，隨煙廣為散發。還特意登報聲稱：「凡集齊《二十四孝》和《女二十四孝》全套 48 枚煙畫者，到公司可得巨獎一千元。」一時洛陽紙貴，全民蒐集。在彩色印刷品尚屬稀罕的彼時，圖文並茂的《女二十四孝》煙畫更是珍稀之物。其影響更遠遠超過各種紙本的《二十四孝》。

　　筆者本書中說明《二十四孝》和《女二十四孝》內容的彩圖，就引用了大東煙草公司在 1928 年出品的香煙畫片。因為嚴惠宇在宣傳《女二十四孝》中是功不可沒的。

嚴惠宇先生的小照

嚴惠宇先生創辦「新樂府」崑班的合影。中間戴
墨鏡者為嚴惠宇先生。

九、《女二十四孝》的內容

　　筆者迄今並沒有發現《女二十四孝》最早刊行的版本，編者是出自明人之手還是清人之手？更不知《女二十四孝》最早的編撰者是何許人？這一課題還待有興趣的專家予以詳考。在我所見過的《女二十四孝》刊本中，多出自晚清和民國的再刊本，對照看一下，其內容還有著不少出入。如「晉後文母」、「一醮不改」、「操舟活親」、「臂血和丸」、「舐目負土」等女子的孝行，有的有，有的沒有，說明原始編撰者並不是一個人。為了配圖說明「女二十四孝」的內容，筆者同樣選用了上世紀二十年代上海大東煙草公司出品的香煙畫片給以圖示來說明內容。至於，此部《女二十四孝》中沒有刊出，而其他版本則曾刊出的故事，筆者便以「增補」的形式附之於後，供大家一閱。

（一）上書贖罪

〔原文〕漢文帝時，太倉令淳于意，有女五人而無子，犯罪當肉刑，頗以生女不生男為恨，於是少女緹縈，伏闕上書，願代死以贖父罪，文帝感其孝，因免除肉刑。

〔詩讚〕上書陳帝闕，贖父在芳齡。竟有回天力，從茲免肉刑。

〔述補〕此事見於《漢代記事》一書。齊太倉令獲罪當處墨刑，其女緹縈上書請求將自己沒為官奴，替父贖罪。這一事件導致了漢代法律制度的一項重大改革，即廢除肉刑。古代肉刑，指括黥（刺面）、劓（割鼻）、刖（斬足）、宮（割勢）、大辟（殺頭）。緹縈上書說：「妾父坐法當刑。妾傷夫死者不可復生，刑者不可復屬，雖後欲改過自新，其道亡繇也。」天子憐悲其意，遂下令曰：「制詔御史：蓋聞有虞氏之時，畫衣冠、異章服以為僇，而民弗犯，何治之至也！今法有肉刑三，而奸不止，其咎安在？非乃朕德之薄而教不明與？吾甚自愧。《詩》曰：『愷弟君子，民之父母。』今人有過，教未施而刑已加焉，或欲改行為善，而道亡繇至，朕甚憐之。夫刑至斷肢休，刻肌膚，終身不息，何其刑之痛而不德也！豈為民父母之意哉！其除肉刑，有以易之；及令罪人各以輕重，不亡逃，有年而免。具為令。」

（二）紡織養姑

〔原文〕漢陳孝婦，嫁夫未久，其夫當戍邊，託婦代養老母，婦諾之，後夫死
　　　　不還，婦竭力養姑，勤紡織以取給，其父母勸其改嫁，婦以死相拒，
　　　　時淮陽太守聞之，奏於朝，賜黃金四十斤，旌其門。

〔詩讚〕養母承夫託，謀生紡織煩。夫亡終不嫁，太守旌其門。

〔述補〕漢陳孝婦者，無姓無名無考，明顯是作者之假託也。漢代邊陲戰事
　　　　不斷。朝廷對域外夷虜，和之不行，撫之無益，唯驅民戍邊，枕戈待
　　　　旦，際以禦敵。民間壯夫以戍邊充傜役，能歸者實為萬幸，不還者白
　　　　骨陳屍，無可如何。陳氏孝婦守自養姑，殷勤紡織以供取給。其時漢
　　　　代有制，允許寡婦守節三年再醮。而這位陳孝婦憐憫婆母年衰無依，
　　　　體弱多病，而且對丈夫有承諾在前，故矢志不改。父母勸其再醮，孝
　　　　婦以死相拒，實乃人性所至。這個故事也可以令人悟及，陳氏夫婦的
　　　　恩愛之情是多麼地深厚，陳氏對夫君守信，一諾千金，矢志不改。
　　　　「信義」二字亦歸於大孝矣。

（三）投江抱父

〔原文〕漢上虞縣曹盱之女名娥，盱能舞劍長歌婆娑樂神，建安二年五月三日迎伍君逆濤而上。沉水而沒。不得其屍。娥年十四沿江尋父號哭，十七晝夜不絕聲，遂自投江以死，五日，抱父屍出。縣長度尚，改葬娥於江南道，立碑識之後世。因之名為曹娥江。

〔詩讚〕漢國今安在，曹娥孝女傳。巍峨千古廟，兀立大江邊。

〔述補〕曹娥江是錢塘江的最大支流，因東漢少女曹娥入江救父而得名。史稱，曹娥是上虞皂湖鄉曹家堡人。他的父親曹盱是一位有名的巫祝師，能「撫節按歌，婆娑樂神」，深受地方敬重。漢安二年五月五日，曹盱駕船在舜江中迎接潮神伍君，不幸為水所淹，但是不見屍首。他的女兒曹娥才十四歲，「投瓜於江，存其父屍」。曰：「父在此，瓜當沉。遂沿江號哭，晝夜不絕聲，旬有七日。遂自投江而死，三日後，人們發現她竟然抱著父屍，一同浮出江面。」後人為了紀念她的孝行，改舜江為曹娥江。元嘉元年（151），上虞縣官度尚隆重改葬曹娥，為其築墓建祠於江南道旁。命弟子邯鄲淳作誄辭，刻石立碑，以彰孝烈。後來，蔡邕到此探訪，時值暮夜，用手觸摸碑文而讀。復題八字於碑陰，寫道：「黃絹幼婦外孫齏臼」。時人多不解其意，其實是一謎面，謎底則為「絕妙好辭」，隱一祠意。

（四）乞丐養姑

〔原文〕唐貞觀中，長安有丐婦張李氏年三十餘，頗有姿色。常扶其瞽目老
嫗，行乞於市。姑雖瞽而性燥且愎。稍有不遂輒咒罵婦。婦忍受無怨
色。乞得衣食必先奉於姑。而已常忍凍忍餓。聞其夫則已死五年矣。
常有富翁，願以百金為嫁託媒致意。婦正色曰，我願隨婆婆餓死，誓
不再嫁。未幾姑病歿。婦竭力斂埋。遂削髮為尼，至八十八歲，念佛
端坐而逝。

〔詩讚〕乞食長安婦，奉姑自忍饑。白金曾拒聘，姑死始為尼。

〔述補〕這個故事出自《孝經》。說的是唐朝貞觀年間的事情，直至今日也有
著一定的教育意義。寡婦家貧，且頗具姿色，夫死之後，滿可以自由
擇婿，再嫁他人。尤其在唐代開放的社會裏，就是夫妻不和，離異再
醮，也是無可非議的事。奈何少婦守自，不屑非議。一是說明其夫生
前二人感情甚篤，矢志難忘。其二，念婆婆年邁，無人俸養，人情所
致，不忍輕棄。如此美德，乃人性深處之善的光輝。此婦的孝行，雖
無文才可表，然范仲淹之「老吾老以及人之老，幼吾幼以及人之幼」
的名句已豁然紙上矣！

（五）代父從軍

〔原文〕唐孝女名木蘭，父將遣戍臨行恨曰，生女終不若生兒之緩急可代也。
木蘭聞父言奮然起，願代爺喬妝赴戍。父阻之不獲，竟作男子妝赴戍
所十二年而歸。歸時既軍裝仍儼然一處女也。天子聞之大加獎異。

〔詩讚〕從軍能代父，閨閣出英雄。試問丈夫子，能與彼美同。

〔述補〕文中稱孝女花木蘭是唐代人氏，有誤。據考《木蘭辭》最早著錄於陳
釋智所撰的《古今樂錄》，產生的時代應不晚於陳。詩中稱天子為「可
汗」，征戰地點皆在北方。詩中有「旦辭黃河去，暮至黑山頭」，「但
聞燕山胡騎聲啾啾」等語。其中黑山即今之殺虎山，燕山則指燕然
山，皆在內蒙古呼和浩特東南一帶，離黃河不遠。所以，《木蘭詩》
中的戰事當發生於北魏與柔然之間。《北史·蠕蠕（柔然）傳》載，
北魏神䴥二年，魏太武帝北伐柔然，便有「車駕出東道，向黑山」，
「北度燕然山，南北三千里」之句。此詩收入《樂府詩集》的《橫吹
曲辭·梁鼓角橫吹曲》中，在唐代已廣為傳誦。花木蘭既是奇女子又
是普通人，既是巾幗英雄又是平民少女，既是矯健的勇士又是嬌美
的女兒。熱愛親人又報效國家，千百年來一直是中華兒女崇拜的偶
像。

（六）手刃父仇

〔原文〕唐謝小娥幼有志操，許聘段居真父與居真同為商販，遇盜申蘭、申春殺之。小娥詭服為男子，託傭申家。常私懷利刃，因群盜飲酒，申蘭、申春與群盜，皆醉而臥於床。小娥閉門持刀斬蘭首，大呼捕盜。鄰人群起，見女方持首級以足踏申春之背大塊，遂幫同將申春擒獲，得賊鉅萬。小娥一毫不取，盡以散給地方孤貧，乃祝髮為尼。

〔詩讚〕久蓄復仇志，託傭屈此身。持刀來賊醉，斬首慰亡親。

〔述補〕謝小娥的故事原出唐人李公佐撰傳奇《謝小娥傳》。文後有評語曰：「誓志不捨，復父夫之仇，節也；傭保雜處，不知女人，貞也。女子之行，唯貞與節，能終始全之而已，如小娥，足以儆天下逆道亂常之心，足以觀天下貞夫孝婦之節。余備詳前事，發明隱文，暗與冥會，符於人心。知善不錄，非《春秋》之義也，故作傳以旌美之。」明代大家呂坤曰：「小娥之節孝無論，至其智勇，有偉丈夫所不及者。娥許聘未嫁，一柔脆女子耳。誰為之謀，又何敢與他人謀。乃託身於危身之地，竟遂其難遂之心。何智深而勇沉耶。可謂之女留侯矣。」

（七）孝比王祥

〔原文〕宋政和中，濟南崔志女，母病，日思魚，冰堅不可得。女曰王祥事我
欲傚之，家人止焉。女曰男子能為之豈女子獨不能耶。乃焚香告天，
臥於冰上三日，冰開躍出鱗兩尾。烹以餉母，母癒，家人問其臥冰時
寒氣如何。女曰，身臥層冰之上，但覺陽氣下逼，殊不知有寒也。

〔詩讚〕奇孝偏成偶，後先史績揚。臥冰雙鯉躍，竟有女王祥。

〔述補〕關於崔志女學王祥臥冰求魚的事，無據可考。只是出於清人褚人獲
所集的《堅瓠餘集》一書的第二卷中。褚人獲是明末清初的文學家，
字稼軒，號石農、沒世農夫等，係江蘇長洲人，一生未曾中試，也未
曾做官。但他飽學多能，著作頗豐。傳世的有《堅瓠集》、《讀史隨
筆》、《退佳瑣錄》、《續蟹集》、《宋賢群輔錄》、《隋唐演義》等。他交
遊廣泛，朋輩良多，與尤侗、洪昇、顧貞觀、張潮、毛宗崗等人往來
甚密。《堅瓠餘集》中所述之事，多從歷代傳奇、筆記、小說等所記
奇文詭異之事，蒐集而成，只能助茶餘飯後談資，並無史料價值。

（八）斫虎救母

〔原文〕宋保大中，太平府聶氏女瑞雲年十三歲，隨母出樵，忽有白額虎跳出時，母撲倒地。將攫而食之。女大號忽用手中斫草鐮刀奮身向前，躍登虎背，連剁其眼。敲其牙，鈎其喉，虎奮跳不脫遂死。乃扶母歸家，得無恙。鄰里喧傳率眾將死虎抬回呈於官，官大加獎異，贈銀五十兩。旌其門曰：孝過楊香。

〔詩讚〕孝女真天助，鐮刀猛虎傷。旌門為四字，曰孝過楊香。

〔述補〕關於聶氏女瑞雲斫虎救母的故事，雖有時間、地名和姓名，但並無史料佐證。到是《徽州志》中記有古村瞻淇的一段傳說。唐長安二年章元鎮丞相退隱於此，生有二女名素娥和翠娥。一日，元鎮妻和兩女兒上山採桑，突然，元鎮妻被山中老虎攫走。二女一邊呼喊，一邊奮勇打虎，將母親從虎口救出。當地刺史將此事奏報朝廷，為表彰二女孝行，敕建孝女廟和孝節橋各一座。北宋名相范仲淹為之題有「章氏朝遺御節孝名家」的匾額。另一則「童女拽虎尾」的故事見自《宋史·列女傳》。文中寫道：「童八娜，通遠鄉建鄇人，虎銜其母，女手拽虎尾，祈以身代。虎為釋其母，銜女以去。林栗侍親官其地，嘗目睹之。已而為守，以聞於朝，祠祀之。」這則故事的發生地就是現在的寧波鄞江鎮建鄇村。

（九）雷赦夙孽

〔原文〕宋顧德謙妻張氏，事姑孝。夢神示以前生污穢字紙。應遭雷殛。因病死不及。今生當於明日擊死。氏心疑之。翌晨、雷聲果巨。氏知定數難回。恐驚其姑。乃出門跪桑下待死。忽聞空中有神曰：好孝婦也。當延其壽三十年。頃刻間雲收雨散，亦無恙。

〔詩讚〕顧妻張氏女，罪當遭雷擊。一念有孝心，雷神赦夙孽。

〔述補〕敬惜字紙，是中國古代文化傳統中的一種良好美德，是中國文化傳統理念之一。《燕京舊俗志》記載：「污踐字紙，即係污蔑孔聖，罪惡極重，倘敢不惜字紙，幾乎與不敬神佛，不孝父母同科罪。」自唐以降，就出現了許多勸人敬惜字紙的善堂、善書，推行「惜字功律」。如果隨意糟蹋字紙，就是有辱斯文，不敬聖賢，是一大罪過。此罪在陽間未報，到了陰間也會受到懲罰。「雷赦夙孽」講的就是這個故事。言說宋人顧德謙的妻子張氏，平時不拘此節，將字紙墊鞋底兒、揩屎尿，罪當雷殛。但因病死不及，當於明日被雷擊死。夢神將這件事告訴了張氏。而張氏平時侍奉婆母極孝，初聞心生疑惑。不想次日清晨，雷聲甚巨。張氏料知定數難回。又恐驚嚇了婆婆，自己便跑出門外，跪在桑樹下待死。雷公見她孝道如此謙誠，便不再擊她，回身而去，雷聲頓止，也就救婆母一命。

（十）智釋父兄

〔原文〕宋紹興初，有詹氏女年十七，時淮寇號一窩蜂者破蕪湖。女歎曰：父子俱無生理，我志決矣。頃之賊至，執其父兄將殺之。女泣拜曰：妾雖窶陋，願相隨從，贖父兄命。不然且同死無益也。賊釋父兄，擄女去。女揮手向父兄曰：亟走無相念，我得侍將軍足矣。賊行數里過市橋東，女躍入水中死。賊眾相顧，駭歎而去。

〔詩讚〕父兄皆脫難，少女獨輕生。急智兼純孝，千秋著令名。

〔述補〕「智釋父兄」的故事初見於《宋史·列女》一章，後被錄入《教女遺規》。是寫南宋紹興初，建炎南渡，宋高宗與朝臣從開封，經揚州、鎮江、蘇州，過杭州，渡錢塘江到越州，一直逃到會稽。不想以此地作為抗金復國的大本營，可是，僅住了四十四天，金兵便「搜山檢海捉趙構」而來，高宗被迫撤離會稽。呂宰相下令「從官已下各從便而去」。此時淮寇造反，攻城破池，殺戮人口無數。「智釋父兄」的事情就發生在這一時期。周作人說，紹興人好像都不怎麼喜歡「紹興」這個名稱，就連魯迅也說「人家問他籍貫，回答說是浙江」。背後的原因也是諱談這段喪權辱國、民如草芥的悲慘歷史。

（十一）典衣療姑

〔原文〕明武進王懷庭妻周氏，事姑極孝，遇歲荒，紡織無利，借貸無門，一日糧盡，姑適病。周氏促夫延醫，懷庭以囊無之一文焦思無求，周氏遂將青布衫脫下，囑夫赴當，得錢急速延醫買藥。姑果得醫治而癒。後忽於菜園中鋤地得窖銀鉅萬，遂以致富。子三，一登科，兩入泮，周氏亦享壽九十有五。無疾而逝。人皆以為盡孝之報。

〔詩讚〕借貸無門日，療姑竟典衣。皇天能報德，鉅萬窖金婦。

〔述補〕明武進王懷庭妻周氏一事，史中無考，大概是編者信手之作。因為在民間的賢妻良母的故事中，此事十分平常，但其含意又十分深刻。因之記於書中，即教人，又警人。夫妻和美，姑賢媳孝，家中豐厚時，同享歡樂。逢到遇難時，相濡以沫，共度難關，實為美德榮庭。此文言及婆婆病癒之後，王槐庭在田中鋤地，竟挖出「窖金鉅萬，以為盡孝之報」。事與郭巨埋兒事相同，實有續貂之嫌，乃一大敗筆也。

（十二）童媳善諫

〔原文〕明紹興山陰楊氏，有童養媳劉蘭姐年十二歲，見其姑王氏常與祖姑口角，每罵之曰：老而不死，豈非厭物。蘭姐聞之頗不平。乃於靜夜入姑房，跪泣不起。王氏驚問何故？則泣而告曰：婆婆與太婆婆口角，但恐媳婦看慣了榜樣，還請婆婆三思之。王氏默然良久，從此感而遂孝。後蘭姐事王氏曲盡孝心，王氏有疾割股煎湯以進，姑病即癒。後生五子，兩登科甲，享大福云。

〔詩讚〕善諫唯蘭姐，能消口角冤。悍姑知悔悟，教我佩良言。

〔述補〕在舊中國的封建家庭中，因為聚集居住，很少分家。因此，為了一些生活中的瑣碎之事，叔嫂鬥法，婦姑勃奚，時有發生。調解不當，便會造成家宅不睦，長幼不和，甚至鬧出大事，經官過府，遺笑大方。這篇故事中的童養媳劉蘭姐，年紀雖小，仁愛之心尤重。每每見到婆婆與太婆之間發生口角，彼此互不相讓。而且，婆婆總罵太婆是個「老不死的」，十分逆耳。劉蘭姐便在她們口角稍歇的時候，不顧自己年小位微，進入婆婆的房裏，跪在地上哭泣地對婆婆說：「您與太婆口角相罵，如果我們做媳婦的小輩看慣了榜樣，那將怎麼辦呢？」面對蘭姐的勸阻，婆婆默然良久，自覺錯誤。起身說道：「你是個好媳婦，良言教我多矣。」此後再也不與太婆口角了。在舊社會，晚輩人能如此對長輩直言善諫，也是萬里挑一的魏徵了。

（十三）為母長齋

〔原文〕元葛妙貞，宣城民家女，九歲聞曰者言，母年五十當死。妙貞自念養
育之恩未報，悲憂祝天，願持長齋守貞不嫁。日誦大士經以延母壽。
每以十指所餘，買物放生，嘗勸親鄰少殺生命。見小兒有捉弄禽鳥
者，心勸其父母戒之。鄰有貧而欲溺其女者，必若勸其留養，常脫簪
珥，助以錢米。數月全活不少。人皆以女菩薩呼之。母壽年八十一
卒。事聞上詔賜旌異。

〔詩讚〕長齋延母壽，孝女祝天神。若說天無報，試看葛妙真。

〔述補〕關於元代孝女葛妙真的故事，始見於《孝經》《列女》一章，言其九
歲便知進孝行善，憐愛生靈。且有「買物放生，勸鄰少殺，勿溺女
嬰，關愛禽魚，救活生命無算」，是一位憫天惜物的大善人。文中並
沒有說她皈依佛門，而日誦《大士經》，以延母壽。足證「人之初、
性本善」的大道理。明代「三大賢」之一呂坤曾著文讚揚葛妙真的孝
行，謂：「葛妙真篤母女之情，廢夫婦之道，可謂卓絕之行，純一人
心矣。然惟以放生而延母之生，始克有濟。蓋天地之大德曰生，故入
德者必得其壽，人定勝天，孰謂命稟於有生之初哉。」

（十四）剖肝救姑

〔原文〕明江西新城王宗洛妻陳氏，如夫作客它省，姑老病重，婦日夜焚香告天，願減已壽以益姑年。醫言此老病難療，或者龍肝鳳髓乃可救耳。婦信之默念，龍肝不可得，何不以自己之肝代之。乃禱於竈神，取刀刺脅得肝一葉，煎湯遞進。姑食之而美，問何物，婦託言是羊肝。食畢病即癒。姑又隔十二年而卒。巡撫周公聞之，給匾旌其門曰：奇孝格天。後婦享壽百有八歲。子孫五代同堂。

〔詩讚〕明朝王陳氏，剖肝為療姑。奇孝增大壽，歿後上天衢。

〔述補〕這個故事顯然是從「割股奉君」這個典故蛻變而來。晉國介子推為了給流亡公子重耳充饑，自割股肉奉君，表述一個忠字。《全唐文》亦記載隋代晉陵人陳杲仁為親人「割股以充羹」。但當時的情況是「親病須肉，時屬禁屠，肉不可致」，所以割股。在這裡並非為了果腹，還含有治病的含意。隨著時間的推移，割股很快具有了「天人感應」的效應。雖然傳統醫士和《本草綱目》均虛構了人肉有諸多的藥用價值，但割股療疾的意義，好像全在感天動地的孝思裏面。一個人表達孝思的自虐方式越赤誠，就越能感動天神。其實是完全走進了一個愚昧無知的死胡同。割掉自己身上的一塊肝，用來煮湯，誰都知道一定會鬧出人命的，這種宣教豈不是明明在害人嘛。

（十五）糟糠自饜

〔原文〕明夏誠明妻王氏，無錫張家婦也。家貧事舅姑極孝。值年荒，夫出
外，氏日夜紡織，竭力備粥飯菜肴以奉翁姑。自食則以糟糠和野菜充
饑。其姑偶入廚下，見氏方背人自啖糠餅，為之淚下。同里貢生某，
每經過王氏門，必於門外三揖曰：「我為孝婦致敬。」亦將使地方士
女人人感動，激發奮為榜樣也。后氏年八十餘，無疾而逝。家人於夢
寐中說，見有旌旗鼓樂迎接孝婦如去云。

〔詩讚〕養姑奉膳飯，自食饜糟糠。孝婦人多敬，過門三揖忙。

〔述補〕「糟糠自饜」的故事最早出自雜劇《琵琶記》，是描寫趙五娘悲劇歷
程中最深刻沉痛的一筆。遭遇饑荒，她典當了所有財物，換取了一點
點糧食。她把米飯供養公婆，而自己吃那些糟糠穀皮，藉以充饑。吃
時又怕被公婆撞見，只得藏在廚後迴避。吃糠本已令人辛酸無比，而
蔡母卻懷疑她偷吃「鮭菜」下飯。五娘也清楚婆婆的疑心，卻不敢道
出心中的苦楚，怕公婆知道過於傷心。上邊的故事中夏誠明的妻子
王氏，事翁姑孝，為人敬重。他們的鄰居們每經過王氏門庭，均揖首
致敬。據《青縣縣志》載：與遇荒年，鄉里鄉間孝道民婦「糟糠自饜」
的事情是屢見不鮮的。

（十六）勸父改業

〔原文〕明湖州安吉陸氏女，性至孝，父常以鐵銃、黏竿、彈弓打鳥，隨身攜帶。有兒三歲生痘，痘點黑而堅，顯鐵子樣。疼痛叫喊三晝夜而死。女年十六，跪父前泣曰：爺打鳥孽障已多，致害弟死。父沉思良久，幡然省悟。即向竈前誓願改過。女亦以父母膝前無子，願字貞以養父母。後九年，父夢祖抱一嬰兒進曰：若非改過，幾絕我宗。其善教之，果生一子，後父母卒，撫弟成立，為娶婦生子。

〔詩讚〕父習彈弓業，殺生孽障多。一朝能改過，孝感竟如何。

〔述補〕這個故事出自《華嚴經講記》。佛說：「孝，即孝順！不順，則不孝」。父母做的事情不合理，一面要順從，一面要耐心勸解。世間諸行，有以殺生為業者，多是認為這些禽畜生下來就是飼人的。從事這類行業，目的還是為了賺錢！其實，生財有道不一定要從事這類行業。命裏若有財富，無論從事哪一個行業均能勤勞至富。緣有善，有不善；善緣增長命中的財庫。惡緣則會折損命中的財富。舊日鄉間遊漢以獵禽捕鳥者很多，農人不屑，謂其不務正業。前邊所講的湖州陸氏女勸父改業，主要原因應是希望父親正名歸農，以避流言。若言弟生痘至死是乃父從業所至，則是渾加的迷信之說耳。

（十七）為母解冤

〔原文〕明浙江烏程程姓女瑞蓮，婢有名桂芳者，母待之甚虐，女每為求寬。
出嫁後，其婢仍被酷打投水死。越三年。母忽自披其頰，又忽作鬼語
曰：我死得好苦，已在閻王殿前告准，特來索命。家人驚怪，瑞蓮聞
訊即歸。鬼又言：大小姐恩人來了。瑞蓮訝甚，即跪下大哭道：桂芳
姐既承你不忘舊恩，難道不能開一線之恩嚜？且拜且哭。鬼默然良
久，歎曰：罷了，且看大小姐面上，然陰司告案，只能暫緩三年。說
罷，手一拱說聲去了，遂無言。母亦漸安，果三年死。

〔詩讚〕屈死桂芳婢，陰司告夙冤。瑞蓮歸一跪，緩母命三年。

〔述補〕此故事乏考無證，或出自《聊齋誌異》？或出自《閱微草堂筆記》？
無論何書有載，都是假語村言。舊日，鄉間視聽閉塞，神怪鬼狐、魑
魅魍魎的傳說在地頭田間、瓜棚豆架之下十分流行，對此只能姑妄
聽之了。

（十八）勸母勿溺

〔原文〕明新建，父病，日夜侍奉，目不交睫，母生三女而無子，後又生女，憤極溺之，已投入水盆，秀貞急抱起，跪告曰，母欲望子，而殺女，恐欲不得子，如以陪嫁為慮，願以嫁兒之費嫁此妹，母感悟，遂得留養，後二年果生一子。

〔詩讚〕末俗無人道，釀成溺女風。秀貞能泣諫，救妹水盆中。

〔述補〕在封建社會的舊中國，父母可以隨意賣掉自己的孩子，溺嬰、棄嬰的事情多如牛毛，殺死自己剛出生出來的孩子，誰也不認為這是一件大事情。「君教臣死臣不能不死，父教子亡子不能不亡」，這種事已經形成了一種社會習慣。人們注重生男孩，男孩可以延續香煙。《詩經》云：「乃生男子，載寢之床，載衣之裳，載弄之璋」。而生了女孩，則視如糠粃，白白糟蹋米糧，至其面臨溺死的境地。此俗在南方的僻野鄉村尤甚。這個故事中的楊氏女秀貞年方十歲，見母欲溺死小妹，奮身而起，抱於懷中，哭著勸母不當如此。母見其小小年紀慈心憐幼，遂幡然悔悟，留養了這個小小的生命。俗謂：母慈子孝，方為天倫之樂。

（十九）直言諫父

〔原文〕清浙江王氏女蘭貞，年十三，私取父所批點之《西廂記》、《紅樓夢》，付於火，父喆之。女正色曰：爺願兒輩學做崔鶯鶯、林黛玉耶？父默然，知所悔悟。

〔詩讚〕誨淫成習慣，戀愛是癡情。得此焚書女，能無感愧生。

〔述補〕中國歷朝歷代都有一些直言進諫的忠臣，為了國家而將生死置於度外，從而流芳千古。一直被人們懷念和敬重。例如，商時的比干，西漢的汲黯，隋朝的李綱，唐代的魏徵，他們的氣節在艱難危險的時候顯現出來。而浙江王氏女蘭貞的故事，固然不能與古代先賢為國事進諫相比，但在封建社會中，不為父諱、不從父愛，不遵父訓，而是勇敢地、義正嚴詞地指出父親的缺點，批評父親的某些行為，簡直是與「欺君犯上」的罪過相同。其實，為父親計、為家庭計，為家風計，也可以看到一個十三歲女孩的大孝之心。文中提到《西廂記》、《紅樓夢》諸書，在清代一直被列為禁燬之書。在道學家眼中，這些書都是「誨淫誨盜」、「污眼污目」的淫書。民間不准刊印、不准閱讀。幼女蘭貞通此意、曉此禁，故背父焚書、直面諫父。即使站在封建道德的立場上，也是件無可厚非的事情啦。

（二十）勸母止虐

〔原文〕常州劉氏女，幼知孝，母每虐打其養媳，女屢諫勸，一日，又加毒打，女時年十五，奪母手中棒，自願代打，並泣告曰，人生不可逆料，天道必有循環，兒他日若做養媳，必被姑痛打矣，母聞言，棄棒而入，從此不再虐待。

〔詩讚〕毒打非人道，勸親孝女心。危言能止虐，釋棒不相侵。

〔述補〕在舊社所謂的童養媳，又稱「待年媳」、「養媳」，就是由婆家養育女嬰、幼女，待到成年後正式結婚。之所以鄉間盛行童養媳，原因是社會貧窮落後，老百姓的生活低下，娶不起兒媳婦，為了解決這個問題，才出現了「養媳」現象。很多童養媳在婆家當勞動力使喚，婆家稍不如意，非打即罵，形同非人。鄭板橋有《姑惡》詩，對這令人髮指的惡俗發出控訴，文中的童養媳承擔著全部家務，但「五日無完衣，十日無完膚」，教訓、打罵的藉口就是「幼不教，長大誰管拘？恃其桀傲性，將欺頹老軀。恃其驕恣資，吾兒將伏蒲」。常州劉氏女的故事正反映了這一社會問題。她勸諫母親，愛媳亦如愛女。若是女兒做了養媳，每日被婆家虐待，您又當如何呢？

（二十一）冒刃衛姑

〔原文〕鄭義宗妻盧氏，略涉書史，事舅姑，甚得婦道，當夜有盜數十，持仗
逾垣而入，家人悉奔竄，唯有姑尚在室，盧氏冒刃入室以衛姑，為賊
捶擊幾死，姑得免。

〔詩讚〕群盜如蜂擁，家人盡散亡。唯茲盧氏婦，冒刃衛姑旁。

〔原文〕「冒刃衛姑」的故事原出自《新唐書》《列女傳》《鄭義宗妻盧》一章。
足證史有其人，亦有其事。據考：唐武德年間，范陽鄭義宗娶妻盧
氏。盧氏出身范陽望族，頗通文墨，嫁到鄭家後，侍奉婆婆如侍奉生
母一般，頗有孝名。在群盜行兇之時，她冒刃入室，以自己的身體保
護婆婆。任賊捶擊，幾乎被打死，使婆婆得以幸免。《新唐書》中還
有補文曰：「賊去，人問何為不懼，答曰：『人所以異鳥獸者，以其有
仁義也。今鄰里急難尚相赴，況姑可委棄邪？若百有一危，我不得獨
生。』姑曰：『歲寒然後知松柏後凋，吾乃今見婦之心。』」《幼學瓊
林》讚道：「至若緹縈上書而救父，盧氏冒刃而衛姑，此女之孝者也。」
宋朝大詩人林同寫《婦女之孝二十首》讚鄭義宗妻云：「抵死侍姑側，
寧知有妾身。若懷白刃顧，尚得謂之人。」

（二十二）孝婦卻鬼

〔原文〕明湖州王姓女，嫁於趙氏為媳。翁與夫皆作客，姑周氏聽信小姑言，每加打罵，媳唯忍受無怨色。一日又加毒打，鄰人力勸，姑以為他請鄉鄰硬幫，競逐之。媳不得已回家。母家時適逢大疫，合里傳染，姑與小姑均病危，親戚不敢過問。氏聞之，急歸。跪灶前割股，煎湯以進，病若失。並聞鬼語曰：竈神土地皆擁護孝婦來了。孝媳頭上有紅光一丈，我等何敢進，快走快走。說罷寂然。小姑亦癒。姑方感悟大慚。泣慰之，和好至老。

〔詩讚〕湖州趙王氏。被譖逐回家。姑病遂遽返。避疫且消災。

〔述補〕「孝婦卻鬼」亦稱「趙王避疫」，故事採自《孝經與戒淫錄》。本無實錄可考。在舊社會的老式家庭中，小姑與媳婦不和乃是常有之事，而婆婆偏怛小姑，聽信小姑的挑撥而懷疑、虐待媳婦的事常有發生。媳婦遭譖回娘家，則是件大辱之事。但是王氏隱忍不發，不怨不怪。而一但婆家遭難，不計前嫌，毅然反回婆家，以盡婦責。如此至孝，實堪讚揚。但是，故事中又增添了「割股」、「鬼神」之說，使原本一件很好的事情，添了迷信色彩，變得不盡人情，反而沒了意思。

（二十三）分家勸夫

〔原文〕明常州吳子恬，妻孫氏。父娶繼母唐氏，生一子，待恬甚刻，不能耐。孫氏勸曰：愛憐少子，常情也，後父故，唐氏私藏千金付己子，子恬不平，孫氏曰：財物有命，毋傷骨柔情，子恬恍然，悉聽後母命。

〔詩讚〕財物唯天命，毋傷骨肉情。良言夫善納，兄弟免紛爭。

〔述補〕《禮記》中說：「父母健在，兒女不可有私產」。古代大部分讀書人都認為，父母在的時候談分家是件很羞恥的事情。但也有不少出於多種原因，如可考的古代名人陸賈、石苞、姚崇等人的分家產，都是在他們的父母在世時進行的。分家的方式是由父母主持的。分配時要尊重長輩的主張，晚輩們是不能反對的。這樣的分家都比較順利，很少發生糾紛。如果父親故去，兄弟分家則由母親或繼母主持，請來至親長輩做為證人。至於公與不公，均與不均，晚輩也是不能反對的。如果發生了爭執則為不孝母命，乃大不孝也。這個故事說明吳子恬的妻子孫氏通曉孝道，所分不公，亦但憑繼母處理。並且勸夫隱忍：謂「財物有命，毋傷骨柔情。」而不是從中憤懣，挑撥生事，搞得居家不和，遺笑鄰里。實是位通情達理的好婦人。

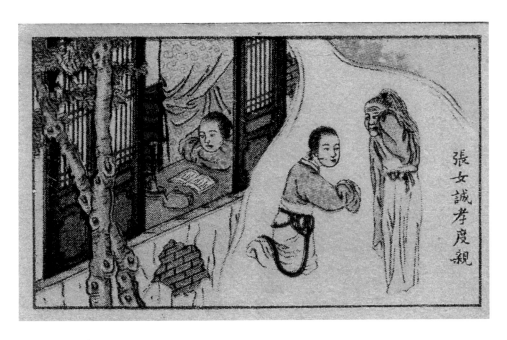

（二十四）誠孝度親

〔原文〕明海寧張氏女素貞未嫁時，母陳氏常與鄰人爭氣，輒欲自盡，每以女
　　　　苦勸乃止。女出嫁五年後，母又與鄰人黃姓爭氣，投水而死。黃姓以
　　　　人命訟累傾家。八年後，女夢母泣告曰：我從前苦了一條性命，現在
　　　　枉死城中每日受苦。今日懊悔不及，兒速連誦經超度我。說罷大哭而
　　　　去。女驚醒異之。乃遂發願持齋，每日誦金剛經十卷，以三年為滿，
　　　　為母求度三年後，又夢見母曰：幸兒孝心所感已脫枉死城矣。

〔詩讚〕海寧張氏女，孝誦金剛經。三年期為滿，姑脫枉死城。

〔述補〕這篇「誠孝度親」的故事史無可考。但究其出處頗與「目連救母」的
　　　　故事相似。「目連救母」的故事出自印度傳入的《大藏經》。據其記載，
　　　　目連在陰間地府經歷千辛萬苦後，見到他死去的母親劉氏清提，受一
　　　　群餓鬼折磨，目連用缽盆裝菜飯給她吃，菜飯卻被餓鬼奪走。原因是
　　　　其母生前食葷殺生，打僧罵道，不信神佛，埋了五穀，死後在地獄受
　　　　難。目連向佛主求救，佛主被目連的孝心感動，授予盂蘭盆經。目連
　　　　按照指示，於七月十五日用盂蘭盆盛珍果素齋供奉母親，使挨餓的母
　　　　親終於得到食物。為了紀念目連僧的孝心，佛教徒每年都要舉行盛大
　　　　的「盂蘭盆會」。此會延至千年，乃至日本、韓國和東南亞均有「盂蘭
　　　　盆節」。海寧張氏女的孝行顯然是受到「目連救母」的影響。

《女二十四孝》增補

筆者在前邊詳細地介紹了清末民初出版的《女二十四孝》中的內容，其中含有不少「姑妄聽之」的神鬼迷信之說。而 1939 年和 1941 年由鮑國昌編輯、鄭午昌繪製，馬相伯題箋的《女子二十四孝彩圖》一書，在內容方面則有很多的變更。《彩圖》一書刪除了許多神鬼迷信之說，增添了數篇新的故事。這些新故事所採事蹟，也都有歷史和文字根據，情節動人，值得一睹。

下面補入的圖畫和文字，皆取自 1939 年由上海信誼藥廠編印的《女子二十四孝彩圖》一書，並摘取書中原文和詩讚，加之筆者述補附之於下。

補一、賢后文母

〔原文〕周太姒，號曰文母，武王周公之母，仁明有德，文王親迎於渭，及于
　　　　歸周室，思媚太姜太任，旦夕勤勞，以盡婦道，故曰太姒嗣徽音，則
　　　　百斯男，蓋言其能繼續姑之美德，而子孫眾多耳。

〔詩讚〕達孝周公旦，關雎母教深。一姜能治內，太姒嗣徽音。

〔述補〕《列女母儀傳》中有《周室三母》之說，她們是西周的三位賢后：即
　　　　文王之祖母周太姜、文王之母周太任和文王正妃周太姒。她們輔佐
　　　　周王建立了周王朝。周文王的妻子太姒天生姝麗，聰明淑賢，分憂國
　　　　事，嚴教子女，尊上恤下，深得文王厚愛和臣下敬重，被人們尊稱為
　　　　「文母」。同時，他還是周武王姬發的母親。史稱太姒是古代君主中
　　　　最早的賢后。

補二、操舟活親

〔原文〕晉趙簡子，欲渡河，船夫方醉，不能操舟，簡子欲殺之，其女名娟，
　　　　即代父操舟，送簡子渡河，簡子感其孝，遂納娟為妃。

〔詩讚〕渡河方父醉，娟女代操舟。不獨拯親命，王孫永好逑。

〔述補〕晉國趙簡子名字叫鞅，他是趙氏孤兒趙武的孫子。晉定公時，趙簡
　　　　子做了晉國的執政大夫。史稱趙簡子為人機警敏銳，善長言辭，長於
　　　　辯論。每次工務，皆不辱使命。但是他對下人性情暴躁，稍不如意，
　　　　非打即罵，甚至怒動殺機。上邊所言「操舟活親」一事，很能說明趙
　　　　簡子的暴悷重殺。他欲渡河，而船夫因酒致醉，不能擺渡。趙簡子便
　　　　大怒，拔劍要殺死他。幸虧船夫的女兒娟，連忙救護，代父操舟，送
　　　　簡子過河。這件事感動了簡子，遂納娟為妃。

補三、一醮不改

〔原文〕鮑女宗，宋鮑蘇之妻，養姑甚謹，鮑蘇仕衛三年，而娶外妻。女宗之
　　　　姒謂之曰：「可以去矣。」女宗曰：「婦人一醮不改，吾姒不教吾以居
　　　　室之禮，將安用。」從此事姑益謹。宋公聞之，表其閭，號曰女宗。

〔詩讚〕不嫌夫再娶，豈肯姒言從。居室能知禮，表閭號女宗。

〔述補〕《烈女傳》記載：順貞是春秋時代有一位宋國的女子，嫁給了一個蔡
　　　　國人，嫁給他之後，發現這個蔡國人染有惡疾，不能人道。女子的母
　　　　親勸她回宋國改嫁。女子回答說：「我的丈夫不幸，就是我的不幸，
　　　　為何離去？適人之道，一與之醮，我終身不改嫁。」古詩云：「采采
　　　　芣衛之草，雖其臭惡，猶始於拊採之，終於懷擷之，浸以益親，況於
　　　　夫婦之道乎！況且他又無大故，又不遣妾，何以得去？」當時的君子
　　　　紛紛稱讚她為人順貞。

補四、臂血和丸

〔原文〕明韓太初妻劉氏,孝於姑,姑有風病,臥床日久,肉腐生蛆,劉氏拾
　　　　而嚼之,又嘗刺臂或斬指出血和入丸中,以給姑食,其孝思如此。

〔詩讚〕病久肉生蛆,拾來咀嚼餘。和丸唯臂血,奇孝載圖書。

〔述補〕關於「臂血和丸」之類的故事在《元史》、《明史》列傳中的記載中很
　　　　多。如:元朝女郎氏,湖州安吉人,宋進士朱甲妻。「家居,養姑甚
　　　　謹。姑嘗病,郎禱天,刲股肉進啖而癒。」「又有東平鄭氏、大寧杜
　　　　氏、安西楊氏,並少寡守志,割體肉療姑病。」「秦氏二女,河南宜
　　　　陽人,逸其名。父嘗有危疾,醫云不可攻。姊閉戶默禱,鑿己腦和藥
　　　　進飲,遂癒。父後復病欲絕,妹刲股肉置粥中,父小啜即蘇。」故明
　　　　韓太初妻劉氏的「臂血和丸」也就見怪不怪了。但「臂血和丸」是一
　　　　個極不科學的謊言,在古代不知害了多少愚男癡女。

補五、舐目負土

〔原文〕明俞新妻聞氏，因姑有目疾，每日用舌舐之，後目復明，姑死後，又
　　　　躬親負土，築成墳墓，其孝為何如哉。

〔詩讚〕舌舐明姑目，築墳負土辛，孝思如此篤，聞氏配俞新。

〔述補〕據《元史》列傳卷八十七載：「聞氏，紹興俞新之妻也。大德四年，
　　　　新之歿，聞氏年尚少，父母慮其不能守，欲更嫁之。」聞氏哭曰：「一
　　　　身二夫，烈婦所恥。妾可無生，可無恥乎！且姑老子幼，妾去當令誰
　　　　視也？」即斷髮自誓。父知其志篤，乃不忍強。姑久病風，且失明，
　　　　聞氏手滌溷穢不怠，時漱口上堂舐其目，目為復明。及姑卒，家貧，
　　　　無資傭工，與子親負土葬之，朝夕悲號，聞者慘惻。鄉里嘉其孝，為
　　　　之語曰：「欲學孝婦，當問俞母。」足證此事不虛也。

十、《二十四孝》風行於世

　　自從郭居敬編纂的《二十四孝》問世以來，由於平民百姓的喜愛、縉紳保甲的歡迎，以及封建統治者的提倡，在社會上形成了洛陽紙貴，風行一時的局面。民間市井的通俗讀物、戲劇、說唱、文人繪畫、木版年畫等文化載體，均以《二十四孝》為主題倡行起來。遍布鄉村城鎮、民間市井的茶樓酒肆、坊刊書鋪、歌臺舞榭、漁鼓道情，甚至寺廟道觀、僧舍尼庵、善堂慈院，田頭場地、瓜棚樹下，演的、唱的、說的、畫的，都離不開《二十四孝》。《二十四孝》已成為婦孺皆知的市語箴言。

　　明清時期，各種附有圖畫的《二十四孝》刊刻本不僅是蒙童讀書，也已成了民間書賈的謀利之物，各種官刊本、民坊的刊印本，街頭巷尾，俯遺皆是。目前從老夫子舊書網和全國各地的舊書攤上，偶而還能發現清代的地方刻本和民國時期書肆發賣的鉛字本、油印本等，筆者在這裡也就不一一舉證了。

木版年畫

　　這裡，重點說一說木版年畫在明、清時期對廣大農村鄉舍的巨大影響和宣教作用。大家知道，木版印刷術起源於唐代，而興盛於宋元。迄今，存於莫斯科博物館的木版年畫《隋朝窈窕呈傾國之芳容》，就是在 1909 年在甘肅平陽發現的一幅南宋時期的原雕版。圖中印的是王昭君、趙飛燕、班姬、綠珠四位古代美人，「其雕刻線條流暢細膩，構圖豐滿華麗」實為世人歡服。

　　到了清代，木版年畫已達到了鼎盛階段。全國有大大小小幾十個出產地，其中著名的有重慶梁平、天津楊柳青、河北武強、山東濰坊、蘇州桃花塢、河南朱仙鎮、四川綿竹等地。其中，以河南朱仙鎮的木版年畫最為稱著。

　　木版年畫收藏大家王樹村先生說：「在中國民間，年畫就是過年的象徵，

不貼年畫就不算過年。年畫不僅是城鎮鄉村人們過年的裝飾品，而且，它所具有的文化價值和藝術價值，使它成為反映中國民間社會生活的一部百科全書。」而《二十四孝》則是彼時木版年畫的重要內容之一。

　　農民把一張物美價廉的《二十四孝》年畫買回家去，鄭重地貼在炕頭的牆壁上，一貼就是一年。每日晚飯以後，全家孫兒弟女聚在時明時暗的油燈之下，聽著爺爺奶奶反反覆覆地講著《二十四孝》的故事。什麼「楊香打虎」、「王祥臥冰」、「孟宗哭竹」、「董永賣身」等等，自幼灌浸著孩子們的心靈，以至耳熟能詳，皆能背誦，把「孝道」從孩提時抓起，有著何等強大的宣教作用。

收藏於波士頓美術館的桃花塢木版年畫《二十四孝》

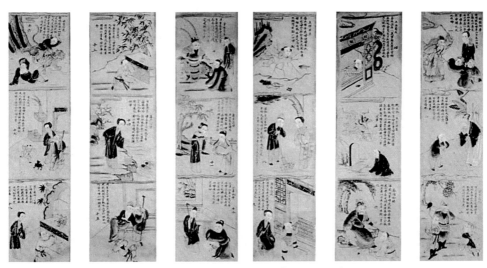

清代山東濰坊撲灰年畫《二十四孝》

以上兩圖為晚清末年英美煙草公司出品的香煙畫片《二十四孝圖》

香煙畫片

到了清代末年，外國香煙進入了中國，為促銷香煙而附贈的煙畫，這一嶄新的經濟文化傳媒也隨之進入了華夏大地。為了適應中國人的喜愛，外國公司將小小的煙畫脫去了「西服革履」的洋裝，換上了「中式衣冠」而登堂入室。無疑，深入人心的《二十四孝》也就成了各大煙商、煙廠最關注的題材。1908 年，英美煙草公司首開生面地印行了一套大型的《二十四孝》煙卡。其規格為 132*205mm，是放在盒子裝的香煙匣內。一張一個故事，前面是圖畫，背子印日曆，特別受到中國人的歡迎，英美煙草公司的「老刀牌」、「品海牌」香煙也隨之瘋狂暢銷。

到了一、二十年代，由於利益驅動，我國民族煙廠也如雨後春筍般風湧而起。僅上海就出現了百家之多。許多煙廠都爭著出品《二十四孝》煙畫，規格大小，繪印質量，良莠不齊。僅筆者收藏的就有英美煙公司，中國福昌煙草公司、天津正昌煙草公司及南洋兄弟、華達、和興、民華、華品等煙草公司發行的《二十四孝》十餘種之多。其中，繪製印刷精良的作品，則是中國大東煙草公司出品的《二十四孝》和《女二十四孝》。也就是筆者在前面講述「男女二十四孝」時所引用的圖畫。其規格為 36x52mm，背子上印有每位孝男、孝女孝行的文字說明，廠名和編號，共四十八枚。筆者經過認真地考證，這組圖畫的原創作者是日本著名畫家小田海仙所繪。

小田海仙生於 1785 年，卒於 1862 年，是日本江戶幕府末期的文人畫師。他畫的《二十四孝圖》，是清道光二十四年（即西曆 1844 年，日本天保十四年）的作品。畫中的人物生動，形象分明，極富生活氣息。清代文人小竹散人篠崎弼曾為這套畫作作序云：「小田海仙兼善山水花鳥及人物，頃者作《二十四孝圖》，將刊而問焉：其志蓋有慕乎？伯時（即宋代畫家李伯時，善繪古賢故事）欲養德於好戲，富勸諭於風法，非以能事悅人也。東坡曾跋伯時《孝經圖》曰：「觀此圖者易直子諒之心油然生。余此圖亦云」（見《點石齋叢畫序》）。這組繪畫，不僅展現了小田海仙嫻熟的繪畫技巧，更反映出郭居敬的《二十四孝》早已衝出了國門，在一衣帶水的日本影響之巨。

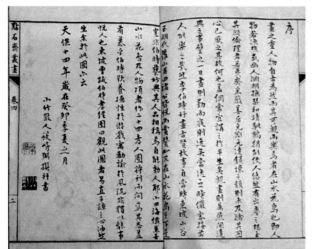

點石齋畫刊為日本畫師小田海仙畫的《二十四孝圖》序及圖選

　　大東煙草公司聘請畫師，將原作敷彩補景，繪成煙畫，上市發行達十數年之久，一版再版，印行何止萬千！這些煙畫隨著一包包的香煙，散入大江南北的市井鄉村，登堂入室，娛怡婦孺。大有寓教於樂、潛移默化之功，遠勝於木版年畫，影響之大更是難以量測。

　　在經學充棟、缺少普羅文化的時代，這些精製精美的小畫片，顯得尤其活潑可愛。正如魯迅在《朝花夕拾》中說，與他小時候最先看到的《二十四孝圖》一樣。「這雖然不過薄薄的一本書，但是下圖上文，……使我高興極了。那裡面時故事似乎是誰都知道的；便是不識字的人，例如阿長，也只要一看圖畫便能夠滔滔地講出這一段的事蹟。」我想，當時村鎮鄉間的那些兒童婦女，在看到這些煙畫時，所產生的心情和造成的影響，是與兒時的魯迅與阿長一個樣的。

戲曲

　　《二十四孝圖》的各種刊本、木版年畫和香煙畫片在社會廣泛傳播暫且不論。再拿活躍於民間歌臺舞謝的戲劇來說，十齣有九齣也離不開為「孝」佈道的窠臼。

　　例如，源自唐代變文且久演不衰的「目連戲」，就是宣傳「大孝」的代表作。故事寫目連僧的母親劉清提，生前打僧罵道，不信神佛，既屠狗殺生、大食五葷，死後被打入阿鼻地獄受苦。木連僧大孝，為救母親脫離苦海，依照佛諭廣造盂蘭盆，七日七夜誦經懺悔，乃救母求生西方佛國。由此，促成了綿延千年之久的盂蘭盆大會，每年全國各地僧眾與信眾與會，勸人行孝，普度眾生。《目連救母》一劇的每次演出，一連數日不輟。善男信女、四鄰百姓，觀者如雲，連演竟月，聚之不散。木連僧的孝行，不知感動了多少孝男孝女。其中有《哭鬼歌》一直流傳至今，以至在雲貴滇川一帶的僻野鄉村，每當民家為亡人憑弔喪奠的時候，都要請專職哭靈的半仙來唱《目連救母》：

> 日出東來還轉東，勸人行善莫行兇。
> 善人自有天加護，作惡的人天不容。
> 昔日倒有傅蘿蔔，幾代吃齋把善行。
> 後來出家當和尚，法名就叫目蓮僧。
> 邁動仙足往裏走，母罪地獄十八層。
> 脖項上帶長枷鎖，眼前點著兩盞燈，
> 九環禪杖點一點，脖項枷鎖落流平。
> 九環禪杖點二點，霎時點滅兩盞燈。
> 目蓮僧兒跪在地，口尊老娘在上聽，
> 跟兒走，跟兒走，佛爺面前替求情。
> 上前背起生身母，腳駕祥雲起在空。
> 目蓮救母一古段，一子成佛九族升……

　　歌中加雜「二十四孝」的唱詞，足見「二十四孝」流傳之廣。據《金華縣志》載：清末民初，「每年盂蘭盆大會之際，《盂蘭盆經》和《二十四孝》善堂刊本，均要發散數日，計萬本有餘。」

　　《東海孝婦》這齣戲，是講漢代孝婦周青的故事，後來，元代戲劇家關漢卿將其改編為《感天動地竇娥冤》。劇中描述民婦竇娥深知大孝，代婆婆承冤，被庸官判成死罪。刑前竇娥指天呼地說道：「天地也做得個怕硬欺軟，卻

原來也這般順水推船。地也，你不分好歹何為地！天也，你錯勘賢愚枉做天！」。臨刑之前，竇娥發下三樁奇特的誓願：「一要自己的鮮血都飛在懸掛於旗杆上的丈二白練上；二要三伏天降下瑞雪，遮蓋屍首：三要楚州大旱三年。竇娥的冤死，終於感動了天地，三樁誓願一一實現了」。刑後，果然六月降雪，大旱三年。這齣戲孝婦的冤情感動天地，震撼蒼生。

明代高則誠編演的《琵琶記》，也是出盡人皆知的骨子老戲。故事描寫孝婦趙五娘在丈夫離家後的荒旱之年，苦撐家業，自己暗吞糠粃，將求得的賑米侍奉公婆。年邁的雙親盼子不歸，氣餓而死。趙五娘剪去青絲，埋葬公婆，然後身背琵琶彈唱乞討，上京尋找丈夫。此戲每每上演，街巷為之一空，時人讚其：

> 譜成一本琵琶記，聽唱當年蔡伯喈。

> 說與閉門天子道，新詞不是寫風懷。

尤其《吃糠》一節淒婉動人，幾如《女二十四孝》中的「王氏糟糠自饜」雷同，感人至深。

此外，《木蘭從軍》一劇，也有著很長的舞臺演出和民間說唱的歷史。此劇原出自南北朝樂府《木蘭辭》：

> 唧唧復唧唧，木蘭當戶織。

> 不聞機杼聲，惟聞女歎息。

> 問女何所思？問女何所憶？

> 女亦無所思，女亦無所憶。

> 昨夜見軍帖，可汗大點兵。

> 軍書十二卷，卷卷有爺名。

> 阿爺無大兒，木蘭無長兄，

> 願為市鞍馬，從此替爺征……

這首長詞流傳了千年之久，乃至婦孺能誦，翁嫗皆知。花木蘭代父從軍，對上忠君報國，下對父母行孝：

> 萬里赴戎機，關山度若飛。

> 朔氣傳金柝，寒光照鐵衣。

> 將軍百戰死，壯士十年歸……

盡顯了華夏奇女子的「忠孝節義」及其英雄氣概。在《女二十四孝》中位列第五，中原地區多有木蘭祠廟，千秋萬代為芸芸眾生供奉，世代贊許！清代詩人呂法曾有《木蘭祠詩》一首，對這一孝女評價最當。詩云：

徒倚荒祠古樹旁，車流曲水自湯湯。

城邊日射熊旗影，天際星搖寶劍光。

直到回時驚夥伴，知從去時謝花黃。

只今閭里崇祭祀，千古英雄一女郎。

京劇《弔金龜》，孝子張義跪求母親不要棄兒離去，流為乞丐。冀雲甫飾康氏。　評劇《秦香蓮》，節婦秦香蓮向陳世美述說家中的苦難。王琪飾秦香蓮。

　　此外，諸如《秦香蓮》、《鐵蓮花》、《四郎探母》、《打龍袍》、《打侄上墳》、《吳漢殺妻》、《九更天》、《五人義》、《搜孤救孤》、《安安送米》……等等傳統老戲，多以「孝道」為中心，演古警今，高臺教化，齣齣都有《二十四孝》的身影。膾炙人口的京劇《弔金龜》，劇中的老旦康氏在教訓兒子張儀的時候，索性就數起了「二十四孝」：

有幾個賢孝子聽娘來論，

一樁樁一件件娘記在心。

那大舜耕田為的都是孝順，

丁藍刻木，菜子斑衣，孟宗哭竹、楊香打虎，

這都是賢孝的兒孫，

我那不孝的兒啊！

就是這段〔二簧原板〕，自清代傳留下來，一直唱了一百多年。原詞原調無一更改，可見國人對「二十四孝」記憶之深。無論是龔雲甫，還是李多奎、姚玉蘭這些老旦祖師爺一張嘴，臺下都能歌而和之。

這些宣傳忠君、尊上、尊父母、尊孝道的戲劇中，立意是在表揚彰顯前代孝男、孝女的禮儀德行。同時，對那些迕逆不肖的男女給予無情的醜化與鞭撻，以達到懲惡揚善的目的。例如《秦香蓮》一劇，陳世美得中狀元後，招為駙馬，欺君枉上、人倫大變。餓死父母、不認髮妻、不認兒女，實為禽獸衣冠，大逆不道的渣男。丞相王延齡苦口婆心地勸他善待髮妻兒女，迷途知返。但是，他非旦不聽，反生惡意，殺妻滅子、逼死韓琪。最終官司打到了開封府，引出來鐵面無私的黑臉包公出來了斷。當秦香蓮在痛斥陳世美種種不孝的罪行時，唱道：

相爺與我作了主，見強人氣得我咬碎牙根。

呸！我走至近前用口啐，罵一聲你這無羞無恥無情的人！

你不要裝瘋呆若無其事，有三條大罪在你的身：

第一罪招為駙馬娶公主，你停妻另娶欺瞞朝廷；

第二罪自享榮華餓死父母，這忤逆不孝滅天倫；

第三罪殺妻滅子你把韓祺逼死，這無情無義狼肺狗心！

你、你、你真是忠不忠，孝不孝，仁不仁、義不義，

讀的什麼書，你還做的什麼人！

還不知犯了王法大罪臨身……

每當秦香蓮歷數陳世美種種不孝之罪的時候，臺下總是一片切齒之聲？包公對陳世美再勸無果的情況下，乾脆摒卻烏紗不要，也要把這個「忠不忠，孝不孝，仁不仁、義不義」的不孝之人送上了虎頭鍘。

還有一齣《遇后龍袍》，寫包拯陳州放賑歸來，見一貧婦喊冤，方知此貧婦乃是當今聖上趙宸的生身之母，在宮中受劉妃和太監郭槐所害，被逐出後宮，含冤一十八載，在寒窯受難。包拯還朝將此事稟告皇帝，趙宸不信，要斬包公。多虧陳琳訴之真情，趙宸始親迎國太還朝。國太怒斥趙宸不孝，其中有一大段〔西皮流水〕膾炙人口，唱道：

一見皇兒跪埃塵，開言大罵無道的君。

二十年前娘有孕，劉妃、郭槐他起下狠毒心。

金絲狸貓皮尾來剝定，她倒說為娘我產下妖精。

老王爺一見怒氣生，將為娘我推出了午門以外問斬刑。

多虧了滿朝文武來保本，將為娘我打至在那寒宮冷院不能夠去見君。

一計不成二計生，約定了八月十五火焚冷宮庭。

多虧了恩人來救命，將為娘我救至在那破瓦寒窯把身存。

白日討飯苦處不盡，到夜晚我想姣兒想得為娘一陣一陣眼不明。

多虧了陳州放糧小包拯，天齊廟內把冤（吶）伸。

包拯他回朝奏一本，兒就該準備下那龍車鳳輦一步一步迎接為娘進了皇城。

不但不准忠良本，反把包拯上綁繩。

若不是老陳琳他記得准，險些兒你錯斬了那架海金梁擎天柱一根。

我越思越想心頭恨，不由得哀家動無名。

內侍看過紫金棍，

〔搖板〕替哀家拷打無道君。

遂令包拯問罪皇帝。然包拯做為臣子意恐犯上，則以責打龍袍來懲其不肖，其劇乃終。後人將此劇改為連臺本戲《狸貓換太子》，演出了半個多世紀，觀眾依然樂道不已。這齣戲的本意說明，即便是天皇老子如果違背了孝道，也要受到嚴厲的懲罰，決不寬恕！

如果人間懲罰不了這些不孝子孫，那麼老天爺也不會饒恕他！膾炙人口的《清風亭》一劇講的就是這個道理。這齣戲的故事脫胎於宋人孫光憲所撰的《北夢瑣言》。寫唐朝有一個叫薛榮的人，家中妻妾不和，妾周氏生下一子，被迫拋在荒郊，被以打草鞋為生的老人張元秀夫妻拾得，取名張繼保。這兩人茹苦含辛地將他撫育成人。十三年後，張繼保在清風亭被生母周氏認出來，並帶走了。張元秀夫妻思兒成疾，每日到清風亭前盼子歸來。後來，張繼保得中狀元，榮歸鄉里，路過清風亭小憩。張老夫妻驚喜莫名，前往認親。但張繼保忘恩負義，不肯相認，把老夫妻當成乞丐，只給他們二百銅錢，轟出亭外。老婆婆悲憤已極，把銅錢打在他臉上，自己一頭碰死在清風亭前。張元

秀抱著死去的老妻，指著這個不孝之人淒苦地唱道：

> 賊奴才全將良心昧，氣得我渾身打顫心意灰，我的心意灰哎！
>
> 十三年含辛茹苦人長大，羽毛你長成就要飛。
>
> 想當初我這清風亭上抱你歸，好一似遭霜打的小草命將萎。
>
> 為救你我這全村跑遍找奶水，我日日討米恁你娘她做炊。
>
> 熬的米汁將你喂，哪一夜我不起上三五回。
>
> 吃飽了哄你入了睡，俺去到磨坊裏把磨推。
>
> 推磨推到三更後，你娘她癱軟吶我的眼發黑。
>
> 她為我擦去了頭上汗，我給你娘把背捶。
>
> 你娘她問我累不累？我說道，為兒願把老命賠。
>
> 十三年冬夏只有一條被，十三年淡酒未敢喝一杯。
>
> 十三年我衣不遮體人變鬼，十三年俺骨瘦如柴把你養肥。
>
> 十三年受了多少罪，十三年希望全化傷悲。
>
> 十三年做了一場夢，夢醒心頭血刀錐……
>
> 苦命人心血掏盡全白費，如今後悔呀，
>
> 我能怨誰？我能怨誰呀？」

——以上為豫劇《清風亭》的唱詞

梅蘭芳演出《木蘭從軍》飾花木蘭

京劇《清風亭》周信芳飾張元秀

唱畢，憤然而起，也一頭撞在清風亭的抱柱之上，轟然倒斃！每唱到此處，臺下人群情激憤，罵聲、哭聲響成一片。連老天爺也看不下去了！一聲轟雷自天際劈下，將不孝的張繼寶劈死在清風亭內。

自從此戲出現在舞臺之日起，幾乎全國各大劇種均有演出。千百年來透迤不衰。而且，這段唱詞從未更改，在廣大農村鄉鎮，戲中的言語均已變成教化子孫的讖語箴言。對這種不肖不孝的張繼保早已引得天怒人怨，即然人不能責，官不能罰，而上天有眼，天降劈雷，將這個忘恩負義的逆子當場殛死，大快人心。是劇又名《天雷報》，亦叫《天雷殛死張繼保》。

這一類的戲曲無一不是以「孝道」為中心，教人「心向善、遠惡為」，去做知恩圖報的好人。

說唱

自郭居敬《二十四孝》出籠之後，民間的說唱藝人紛紛將其中的故事改編演義為鼓詞、漁鼓、評書、大鼓、彈詞、墜子、琴書、快書……等等，他們在城鎮中的酒肆茶樓、書棚旅舍，乃至街頭巷尾，廟會灘頭，凡有人聚的地方均能彈唱。這些說唱藝人在農村的茅舍土臺、祠堂場院，田頭柳蔭，瓜棚豆架，放上一隻條櫈，便可道來。這些說唱的段子除了成本大套的《三國》、《水滸》之外，大都是人們熟悉的《鞭打蘆花》、《臥冰求魚》、《楊香打虎》、《孝感天地》等《二十四孝》的老段子。而就是這些老段子，販夫走卒、農工婦孺皆喜聞樂見，百聽不厭。從元代唱到明代，從明代又唱到清代。尤其清軍入關以後，為了消解民怨，宣傳稱帝有理，特別成立了官辦的票房，組織培訓民間說唱藝人，發給管吃管喝的龍票，鼓勵他們穿州過府替滿人宣傳德政、孝道，忠新朝、守新法。《二十四孝》也是重要的內容，新朝子弟還為《二十四孝》編寫了許多新詞，譜了「八角鼓」和「單弦牌子曲」，編入《子弟書》中。如咸豐年間吳正修創作的《二十四孝鼓詞》，開篇便唱道：「論起這二十四孝，誰人不知，誰人不曉……」。因為《二十四孝》為新朝「修身、齊家、治國、平天下」有用，故而《二十四孝》的內容得到進一步的潤色美化，也得以進一步的普及和昇華。例如，北京琴書《鞭打蘆花》，孝子閔子騫勸他的父親不要休棄後母時，唱道：

> 爹爹呀！
> 您把這休書收回吧！

孩兒我替母求情哪，請您要容寬。

兒的娘對兒的折磨，兒無怨恨。

乃是兒孝意不周，才有今天。

爹爹您千不念來萬不念，

念我娘照顧孩兒這些年。

您今天真要是休了我的母，

撇下我們兄弟三人，豈不更可憐？

母親在，是兄弟們暖來我一個人冷啊，

母親一走，那可是我們三個人寒。

其聲哀婉，其情感人，雖然白話粗俗，終不失千古絕唱，感化著世態人心，一直唱到今日，成了曲藝寶庫中的精典。

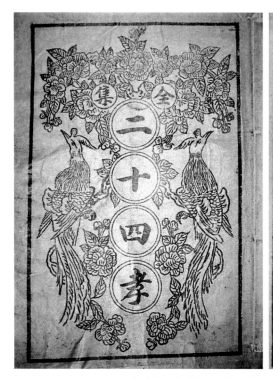

清代坊間刊行的「二十四孝全集」鼓詞唱本

十一、《二十四孝》的法統保障

　　《二十四孝》的推廣和宣傳，歷代政府均給予了法律保障，並為其保駕護航。有此堅強的後盾，《二十四孝》在民間得以暢行無阻的貫徹和施行。

不孝罪

　　早在漢代，以「孝治天下」便是皇權的治國良策。大「孝」之人得到政府的褒揚和重用，而「不孝」之人，則要受到法律的懲處。這種懲處，不僅施於平民，對各級官員，權貴、乃至皇族同樣有效。近代的考古工作者在湖北江陵張家山 247 號漢墓中出土的漢簡《二年律令》得以直接的印證。

　　漢簡《二年律令》對「不孝罪」有著嚴格的規定，其中有《賊律》一章，明確地寫道：「子賊殺傷父母，奴婢賊殺傷主、主父母妻子，皆梟其首市」。凡殺傷、毆詈父母，子告父母，妻告姑舅等過失，均屬於「不孝罪」的範圍。與父母「告子不孝」一樣，要「斬首棄市」。而且，其「應收之妻子子女，都不得以爵位和金錢贖罪，更不得免除處罰」。尤其值得注意的是，「殺傷太父母、父母及奴婢殺傷主、主父母妻子」，即使到官府自首，也不得減罪。

　　各地諸侯在母父故去的服喪期間，如果「行奸、作樂」均屬不孝。一經彈劾舉報，也要削職嚴懲。例如《資治通鑒》卷十六載：楚王在為薄太后服喪期間「私奸服舍」，被晁錯彈劾請誅。景帝出於仁慈，赦免了他，但依然削去他的東海封地和爵祿。又如《漢書·景十三王傳》記載：太子勃被弟弟舉報，他在「憲王病時，不侍，私奸、飲酒、博戲、擊筑，與女子載馳，環城過市，入獄視囚」等罪，「後經查證屬實，太子勃被廢為勿王，徙王勃以家屬處房陵」。

　　法律對皇族尚且如此，對官吏不孝更是嚴懲不貸。官吏在赴任之前，經過察舉，有不孝行為的不僅不能當官，而且要致罪下獄。恰如《抱朴子·審舉》

所言：「舉秀才，不知書；察孝廉，父別居；寒素清白濁如泥，高第良將怯如雞」者，一經查實，必將下獄。又如《後漢書·陳蕃傳》所載：「民有趙宣葬親而不閉埏隧，因居其中，行服二十餘年，鄉邑稱孝，州郡數禮請之。郡內以薦蕃。蕃與相見，問及妻子，而宣五子皆服中所生。蕃大怒」，遂將趙宣交與官府治罪。

普通百姓如不孝，更是罪加一等。例如漢元帝時，王尊為縣令，「春正月，美陽（今陝西法門寺鎮）女子告假子不孝，曰：兒常以我為妻，妒笞我。」王尊曰：「律無妻母之法，聖人所不忍書。」在沒有這類法律規定的情況下，王尊便於法外增設非常之刑，「將不孝子懸於樹上，令五騎吏張弓射殺之」。

漢代的這種懲罰不孝行為的條律，一直為歷代朝廷所沿用。經唐、宋、元、明、清，幾代朝廷只有加重，並無減輕。諸史所載，因「不孝」而被彈劾的官員和被處刑的平民無計其數。最有代表性的例子是明代廉吏王彰，彈劾金吾指揮李嚴不孝，告他將生母逐出家門，李嚴便被朝廷判處死刑。滑州掌書記孟升，因藏匿母服，不報丁憂，大理寺斷處流放，皇帝則賜其自盡。

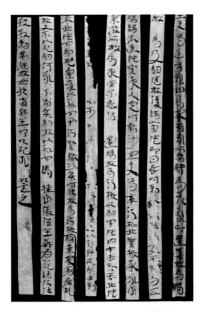

湖北江陵張家山 247 號漢墓中出土的漢簡《二年律令》

清嘉靖版《大清律例》書影

《大清律》更加嚴厲，稱：「諸聞父母若夫之喪，匿不舉哀者，流二千里。喪制未終，釋服從吉，若忘哀作樂，徒三年。」乾隆四十一年，滿官安明剛從筆帖式升到戶部司務，但五日後，安明收到老家的信，說其父親已經離世，著安明回家奔喪。按清朝體制，需回家守喪三年。安明係花錢買得肥缺，不

想回家守喪，故把此事隱瞞。不久，有人彈劾。乾隆皇帝派人查清屬實，安明非但隱瞞父喪，而且每日飲酒作樂，毫不傷心。乾隆勃然大怒，斥道：「這樣毫無廉恥，大逆不道，不顧人倫的畜生，居然還能在朝任職！」隨即親判安明凌遲處死！

在這種崇尚「大孝」的政治環境下，《二十四孝》生逢其時，順風順水，仰澹甘霖，逾發發揚光大，滲入所有的文化空間，浸入民風民俗和每個平民的思想心田。

官府的法律如此，延至地方保甲、民團縉紳、宗祠家廟，對「不忠不孝」之人也都有了懲罰權、處置權。「跪祠」、「罰香」、「閉門」、「鞭笞」、乃至「絕粒」、「杖斃」、「沉潭」之類的非刑，直到民國在江南仍有發生。

善堂專打不忠不孝課

此外，明清時期不少地方盛行一種名叫善堂的民間組織。其宗旨是弘揚慈悲濟世、積德從善。奉行濟困扶貧、修橋造路、撫孤恤寡、助殘助學、救災救難、收埋無主屍體、調解民間糾紛、濟貧勸善，敬惜字紙等一系列善舉，信眾無數。民間善堂組織的興起，至今已有近千年的歷史。善堂奉敬宋大峰祖師並以此為號召的，也有個別善堂奉敬呂祖、玄天上帝和華佗仙師寶的。總之是把為民做過好事的先賢或神仙，來當作崇拜對象。同時，也有利於籌集資金和物品用以團結信眾，一起來做各種善事。在逐步發展的過程中，善堂逐漸演化成集釋、道、儒文化熔於一爐的、民間自發性的慈善救濟機構。如善堂發源地潮汕善堂在明、清兩季的全盛期，已有 500 多家。國內，如山東、河北、河南諸地均有善堂。國外，則泰國、新加坡、馬來西亞、美國以及香港、臺灣等地也都有大小不等的善堂機構。這種民間組織為地方上的慈善教育發揮著不少作用，影響深遠。一人有難，四鄰相助，一方有難，八方來援，是舊時代淳厚鄉風的一面旗幟。其中，刊刻分發《二十四孝》圖冊、勸讀勸行《二十四孝》的孝行，也是至高無尚的一大功德。據清咸同刊本《潮汕善堂惠世錄》記載，該堂每年贈發的《二十四孝》讀本便有一萬兩千餘冊。

各地的善堂中，還都設有一個「擅打不孝子孫課」的部門。課中由一些為人正直、身體健康的老人執掌，專聽鄉鄰翁嫗、無助老人的傾訴和求助。譬如，在家中受到兒女、媳婦的欺辱虐侍，或不聽長輩教訓、不奉公婆、不給衣飯、不給被褥，不敬父母、打罵公婆等等家庭糾紛。每有投訴，掌課的善堂

老人便會怒目圓睜、拍案即起。揮手喚起三兩會眾,拿起一柄刻有「專打不孝子孫」的竹扁擔,去申張正義。他可以直入苦主之家,見其不孝子孫揮擔便打,直打到他們跪地認錯為止。就是打出了人命,課中也不負責。這種善堂的執法行徑並非政府機構的代替,亦非私設公堂,而是平民百姓的公推義舉,敬老至上。筆者有幸收藏有上世紀二十年上海福昌煙草公司出品的一張繪有「善堂老人」的香煙畫片,他頭戴簑笠,一手執鈴鐸,一手操「專打不忠不孝」的扁擔,巡行於市井之中。筆者將這幀造像附之於下,也是當年善堂執法的一個例證。彼時民間自發的這一舉措,對維繫一方治安、家庭和睦、鄰里相安、村鎮平和,都曾起過積極的作用。

節孝牌坊

歷代統治者在「以孝治國」的施政中,也是採用「文武之道、亦張亦馳」的方法,對「不孝」之人有著嚴酷的刑罰,而對「大孝」之人,則予以熱情的表彰。這一點在明、清兩代尤為凸顯。朱元璋建政伊始就推崇程朱理學,從孝道觀念上講,對婦女的身心進行了更加嚴重的摧殘和迫害。程朱理學提倡「禁慾主義」,要求所有的飲食男女都要「去人慾,存天理」,自覺地遵守「三綱五常」的道德標準。因為走上了極端,孝道也成了摧殘人性、殘害婦女、「以理殺人」的工具。

上世紀三十年代上海大東煙草公司出品的香煙畫片「善堂老人」。

徽州歙縣一地現存的六千多座貞節牌坊,現已開發為旅遊勝地。

有人問程頤，「寡婦貧苦無依，能不能再嫁乎哉？」程頤認為這是「絕對不可以，餓死事小，失節事大」，婦人必須「從一而終」（見《程氏遺書》卷二十二），才是衡量婦女賢淑和孝與不孝的唯一標準。郭居敬的《二十四孝》和後來出現的《女二十四孝》，更豐富了程朱理學的內容。使社會風氣不分輕重大小，都以「道學面孔」予以處理。婦女遵從「夫權」，遵從「三從四德」，「一女不事二夫」，「餓死事小，失節事大」，都成了衡量女子貞操節守的標準。逾之，便是「淫婦」、「蕩婦」，必為千夫所指、社會不容。結婚之後，「男人主外、女人主內」、「夫比天大」、「夫為妻綱」、「事事從夫」、「夫死從子」。丈夫故去，女人必須守節，不得再嫁。如果無力存活，盡可自裁、自縊、絕粒、自殺。為節而死、殉夫而亡，將獲得政府的表彰和鄉人的讚美。明刊《畏廬瑣記》記載了很多孝婦烈女的故事，其中，有一段文字令人不忍卒睹。寫道：

> 閨中少婦喪夫，不能存活，則遍告之親戚，言將以某日自裁，而為之親戚者，亦引以為榮，則鳩資為之治螻。前三日，彩輿鼓吹，如迎神人，少婦冠披喪服，端坐輿中，遊歷坊市，觀者如堵，有力者設宴飲之，少婦手執鮮花一束，凡少年未誕子者，則就其手中乞花，用為生子之兆。三日遊宴既盡，當路結綵棚，懸彩繩其上，少婦辭別親戚，慨然登臺，履小鞋，以頸就繩而歿，萬眾拍手稱美。

隨後，縉紳延請大儒為其書寫讚揚文字，呈報官府。官府送匾旌表，地方建立牌坊，以為永久的紀念。其節烈事蹟也寫入縣府志書，成為地方的一種莫大的榮耀。官修《明史列女傳》中，受皇室欽定的貞節孝女有四十八人，節烈婦三百餘人。《清史稿》則攀上頂峰，御賜貞節女有一百多人，節烈婦達四百多人。皇室如此推重，地方則更甚之。迄今，在徽州歙縣一地現存的六千多座貞節牌坊中，就有明代牌坊一千餘座。可見，當年對孝女節婦的迫害是何等猖獗。相較之下，郭居敬書中的虞舜、劉恒、曾參、閔損、仲由、董永等人的孝行，比起《女二十四孝》中的「割股奉親」、「剖肝醫姑」等自殘自虐的故事，大都失去了顏色。

十二、《二十四孝》的批判

　　1940 年，鴉片戰爭爆發，自以為不可一世的大清帝國在西方諸國船堅炮利的打擊下驟然大敗，並且簽訂了喪權辱國的《南京條約》。事實證明了清政府的封建制度及其閉關鎖國、唯我獨尊的政策已徹底崩塌。中國向何處去？上至皇帝百官，下及士農工商，莫不處於惶恐徘徊之中。無數志士仁人、知識分子均在千方百計的尋找救國良方。但是，在千百年封建思想的禁錮下，舉國上下依然處於禁錮的蒙昧之中。

福澤諭吉

　　19 世紀 70 年代的日本，同樣遭西方列強入侵，同樣被迫簽訂了一系列不平等條約。然而，與我國處境相同的日本，則在數十年不屈不撓的探索中，找到了自立自強的奮鬥方向。那就是取諦封建制，向西方學習，實施了富國強兵、殖產興業和文明開化三大政策。明治政府首先實施了「奉還版籍」、「廢藩置縣」的措施，結束了日本長期以來的封建割據局面，為建立中央集權國家和發展資本主義經濟奠定了基礎。其中，「文明開化」的立國方略，就是學習西方文明，發展現代化教育，提高國民知識水平，培養現代化人才。要實行這些國策，首先要「破舊立新」，要把那些從中國學來的「修身、齊家、治國、平天下」的儒教徹底摒棄！要向傳統的「忠、孝、節、義」開炮！要向「愚民誤國」的孝道開炮！從批判「二十四孝」入手當是最佳的目標。

　　日本龍谷大學藏有明嘉靖二十五年（1546 年）出版的《全相二十四孝詩

選》的抄錄本,說明郭居敬的《全相二十四孝詩選》在嘉靖年間就已傳入日本,並在日本產生著巨大的影響,以至當時風行的蒙童讀本《御伽草子集》中也吸收了許多「二十四孝」故事,在人名、地名和五言詩上都是完全相同。兩書有一個共同點就是宣揚孝道,用儒教的思想的「忠、孝,禮,智、信」來教育兒童。而率先批判「二十四孝」的勇士,則是明治維新期間的大思想家、大教育家福澤諭吉先生。

福澤諭吉,1835 年出生於日本大阪。他畢生從事著述和教育活動,是日本著名私立大學慶應義塾大學的創立者。在教育實踐中,形成了富有啟蒙意義的教育思想,對傳播西方資本主義文明,對日本向現代化發展起到了巨大的推動作用。福澤諭吉被稱其為「日本近代教育之父」和「明治時期國民教育的偉大功臣」。福澤諭吉一生著述頗豐,《勸學篇》是他在 1872 年到 1876 年期間所寫的 17 篇論文組成,1880 年(日本明治十三年)正式出版。

日本近代大教育家福澤諭吉像　　　日本明治維新前出版的
　　　　　　　　　　　　　　　　「二十四孝」書影

福澤諭吉在《勸學篇》中指出:「所謂文明,本來是指人類德智進步,每個人都能支配他自己,使人世間交往沒有互相為害的事,從而各自行使其權利,達到社會上普遍的安全和繁榮。」他認為,要提高國民的道德水平,必須給予國民適當的教育,從而使國民具有一定的知識底蘊,明白一定的事理,能夠辨別好壞對錯,分清是非曲直,道德水平穩步提升,才德均得以發展。在德育內容上,福澤諭吉堅決反對學習封建倫理道德。他認為封建倫理道德

所宣揚的忠孝之「義」和一些愚孝行為，對社會毫無益處。只有啟發民智、民德的結合，才是人的現代化的基本要求，只有實現了人的現代化，日本才能夠成為現代文明國家。《勸學篇》立足於人權思想，提倡自由平等，肯定人民為國家主人，同時號召人民舍身衛國，使日本文明追上先進國家，對於日本現代化民主運動的發展起了積極的推動作用。福澤諭吉在《勸學篇》中，對源自中國且在日本十分暢行的「二十四孝」提出了嚴厲批判。為了文字的準確性，筆者特煩日本著名漢學家、八秩高齡的鈴木稔昭先生找出原文，並將之譯成漢語如下：

> 自古，和漢兩國關於勸人行孝的說法甚多。自「二十四孝」起，以及此外的著述則不暇枚舉。然觀看此書，十中八九的勸人之事實屬對人來說是難以做到的事情，或者屬於愚昧可笑之說，甚而至於有奉勸人們行背離天理之孝行者。在寒中以裸體臥於冰上以待冰溶，這是人所難以做到之舉。在夏夜裏把酒澆於身上讓蚊蟲咬自己而免咬擾父母之說，用那酒錢買蚊帳給父母才是更明智的做法不是？又如不圖設法更勤奮地孝養父母，卻要把無辜的孩子活著埋死，其心如鬼蛇，是天理人情所不容的事情。剛剛說是不孝有三，連膝下無子都為大逆不孝，卻要把已生之子埋地至絕其後。究竟應以什麼為孝呢，這豈不是成了前後矛盾的妄言嗎？此孝行之說，歸根結底是為了樹立父母和子女的大義名分，擺明尊老愛子的說法，亦不可對子強加責難者矣。

福澤諭吉的這一觀點，對於其後來日就學的中國學子們產生著巨大的影響，也對中國學界在新文化運動中批判《二十四孝》，起著積極的先導作用。

吳虞

吳虞（1872～1949），原名姬傳、永寬，字又陵，號黎明老人。他是批判《二十四孝》的急先鋒。1872 年吳虞生於四川新繁龍橋鄉。早年留學日本，對日本的變革和進步頂禮膜拜。歸國後，出任四川《醒群報》主筆，全力鼓吹新學，鼓吹革命。1910 年，到北京大學任教，並在《新青年》上發表《家族制度為專制主義之根據論》、《說孝》等文章，猛烈抨擊舊禮教和儒家學說，在「五四」時期影響極大。

吳虞小照和他的著作「吳虞文錄」書影

　　吳虞最重要的思想就是揭露吃人的「禮教」，抨擊儒學中以孝為中心的封建專制和家族制度。1919 年，吳虞在《新青年》發表《吃人與禮教》一文，指出：「詳考孔子之學說，既認孝為百行之本，故其立教，莫不以孝為起點。」孝的範圍統括一切，「居住不莊，非孝也；事君不忠，非孝也；蒞官不敬，非孝也；朋友無信，不孝也；戰陣無勇，不孝也」，「凡人未仕在家，則以事親為孝，出仕在朝，則以事君為孝。能事親、事君，乃可謂之立身，然後可以揚名於世」（見吳虞《家族制度為專制制度之根據論》）。「儒家以孝悌二字為二千年來專制政治與家族制度聯結之根幹，而不可動搖。」他尖銳的指出，所謂《二十四孝》，是「愚人之孝」，是不可理喻的「偽孝」！

　　吳虞還深入地論述「孝、忠、禮、刑」的關係，概而言之：忠由孝而產生，忠是孝的反射，「他們教孝，所以教忠，也就是教一般人恭恭順順地聽他們一干在上的人的愚弄，不要犯上作亂」。倡禮之後，復繼以刑，《孝經・五刑章》有「子曰：五刑之屬三千，而罪莫大於不孝」語，「這因為以禮教孝，有時而窮，又拿刑來補助禮的不足，孝與禮相表裏，禮又與刑相表裏了」。吳虞把孝道與家族制度、君主專制政體連在一起進行批判，這是直戳腹心的進攻，他的認識是：「夫孝之義不立，則忠之說無所附，家庭之專制既解，君主之壓力亦散，如造穹窿然，去其柱石，則主體墮地。」吳虞對《孝經》、「孝道」所做的猛烈攻擊，可以說是史無前例的。

魯迅

魯迅原名是周樟壽，後來改名為周樹人，少年時期去日本留學，汲取了民主科學的先進思想。1918 年，他發表了《狂人日記》，開始以筆為投槍，對「吃人」的封建文化發起了猛烈的進攻。他的一生不僅在思想研究，還是文學創作和批評等方面都做出了巨大的貢獻，他是中國新文化運動中的一面光燦的革命旗幟。

他在 1919 年第 6 卷 6 號的《新青年》雜誌上，刊登了《我們怎樣做父親》，率先提出，新的青年人不要受舊禮教、舊傳統的約束，要「解放，全部為他們自己所有，成一個獨立的人」，決不能有「萬年有道之長」。他對孝道的批判更為猛烈：「例便如我中國，漢有舉孝，唐有孝悌力田科，清末也還有孝廉方正，都能換到官做。父恩諭之於先，皇恩施之於後，然而割股的人物，究屬寥寥。足可證明中國的舊學說舊手段，實在從古以來，並無良效，無非使壞人增長些虛偽，好人無端的多受些人我都無利益的苦痛罷了」。「因此覺醒的人，愈覺有改造社會的任務。」對於社會盛行的《二十四孝》，魯迅先生輕蔑地說：「況在將來，迷信破了，便沒有哭竹，臥冰；醫學發達了，也不必嘗穢，割股」的了。

魯迅先生小照

魯迅撰《二十四孝》書影

　　魯迅對《二十四孝》的批判更加犀利無情，以致到了嘻笑怒罵的程度。他的《朝花夕拾》中寫的一篇《二十四孝》，堪稱千古奇文，筆者摘錄如下：

　　　　我所看的那些陰間的圖畫，都是家藏的老書，並非我所專有。我所收得的最先的畫圖本子，是一位長輩的贈品：《二十四孝圖》。……我於高興之餘，接著就是掃興，因為我請人講完了二十四個故事之後，才知道「孝」有如此之難，對於先前癡心妄想，想做孝子的計劃，完全絕望了。

　　　　「人之初，性本善」麼？這並非要以加研究的問題。但我還依稀記得，我幼小時候實未嘗蓄意忤逆，對於父母，倒是極願意孝順的。不過年幼無知，只用了私見來解釋「孝順」的做法，以為無非是「聽話」，「從命」，以及長大之後，給年老的父母好好地吃飯罷了。自從得了《孝子》這一本教科書以後，才知道並不然，而且還要難到幾十幾百倍。其中自然也有可以、勉力仿傚的，如「子路負米」，「黃香扇枕」之類的。「陸績懷桔」也並不難，只要有闊人請我吃飯。「魯迅先生作賓客而懷橘乎？」我便跪答云，「吾母性之所愛，欲歸以遺母。」闊人十分佩服，於是孝子就做穩了，也非常省事。「哭竹生筍」就可疑，怕我的精誠未必會這樣感動天地。但是哭不出筍來，還不過拋臉而已，到「臥冰求鯉」，可就有性命之虞了。我鄉的天氣是溫和的，嚴冬中，水面也只結一層薄冰，即使孩子的重量怎樣小，躺上去，也一定嘩喇一聲，冰破落水，鯉魚還不及游過來。自然，必須不顧性命，這才孝感神明，會有出乎意料之外的奇蹟，但那時我還小，實在不明白這些。其中最使我不解，甚至於發生反感的，是「老萊娛親」和「郭巨埋兒」兩件事。我至今還記得，一個躺在父母跟前的老頭子，一個抱在母親手上的小孩子，是怎樣地使我發生不同的感想呵。他們一手都拿著「搖咕咚」。這玩意兒確是可愛的，北京稱為小鼓，蓋即鞀也，朱熹曰：「鞀，小鼓，兩旁有耳；持其柄而搖之，則旁耳還自擊，」咕咚咕咚地響起來。然而這東西是不該拿在老萊子手裏的，他應該扶一枝拐杖。裝佯，侮辱了孩子。我沒有再看第二回，一到這一頁，便急速地翻過去了。

　　　　那時的《二十四孝圖》，早已不知去向了，目下所有的只是一本

日本小田海仙所畫的本子，敍老萊子事云：「行年七十，言不稱老，常著五色斑斕之衣，為嬰兒戲於親側。又常取水上堂，詐跌仆地，作嬰兒啼，以娛親意。」大約舊本也差不多，而招我反感的便是「詐跌」。無論忤逆，無論孝順，小孩子多不願意「詐」作，聽故事也不喜歡是謠言，這是凡有稍稍留心兒童心理的都知道的。然而在較古的書上一查，卻還不至於如此虛偽。師覺授《孝子傳》云，「老萊子⋯⋯常衣斑斕之衣，為親取飲，上堂腳跌，恐傷父母之心，僵仆為嬰兒啼。」（《太平御覽》四百十三引）較之今說，似稍近於人情。不知怎地，後之君子卻一定要改得他「詐」起來，心裏才能舒服。鄧伯道棄子救姪，想來也不過「棄」而已矣，昏妄人也必須說他將兒子捆在樹上，使他追不上來才肯歇手。正如將「肉麻當作有趣」一般，以不情為倫紀，誣衊了古人，教壞了後人。老萊子即是一例，道學先生以為他白璧無瑕時，他卻已在孩子的心中死掉了。至於玩著「搖咕咚」的郭巨的兒子，卻實在值得同情。他被抱在他母親的臂膊上，高高興興地笑著；他的父親卻正在掘窟窿，要將他埋掉了。說明云，「漢郭巨家貧，有子三歲，母嘗減食與之。巨謂妻曰，貧乏不能供母，子又分母之食。盍埋此子？」但是劉向《孝子傳》所說，卻又有些不同：巨家是富的，他都給了兩弟；孩子是才生的，並沒有到三歲。結末又大略相像了，「及掘坑二尺，得黃金一釜，上云：天賜郭巨，官不得取，民不得奪！」

我最初實在替這孩子捏一把汗，待到掘出黃金一釜，這才覺得輕鬆。然而我已經不但自己不敢再想做孝子，並且怕我父親去做孝子了。家景正在壞下去，常聽到父母愁柴米；祖母又老了，倘使我的父親竟學了郭巨，那麼，該埋的不正是我麼？如果一絲不走樣，也掘出一釜黃金來，那自然是如天之福，但是，那時我雖然年紀小，似乎也明白天下未必有這樣的巧事。回想起來，實在很覺得傻氣。這是因為人們已經知道了這些老玩意，本來誰也不實行。整飭倫紀的文電是常有的，卻很少見紳士赤條條地躺在冰上面，將軍跳下汽車去負米。何況我早長大了，看過幾部古書，買過幾本新書，什麼《太平御覽》咧，《古孝子傳》咧，《人口問題》咧，《節制生育》咧，

《二十世紀是兒童的世界》哪，可以抵抗被埋的理由多得很。不過彼一時，此一時，彼時我委實有點害怕：掘好深坑，不見黃金，連「搖咕咚」一同埋下去，蓋上土，踏得實實的，又有什麼法子可想呢。我想，事情雖然未必實現，但我從此總怕聽到我的父母愁窮，怕看見我的白髮的祖母，總覺得她是和我不兩立，至少，也是一個和我的生命有些妨礙的人。後來這印象日見其淡了，但總有一些留遺，一直到她去世——這大概是送給《二十四孝圖》的儒者所萬料不到的罷。

蔣夢麟

身為教育部長的蔣夢麟先生特別注重兒童教育，睥視《二十四孝》的愚蠢。他說：「幾千年來的教育宗旨，都是一個『拯世救民』的仁政主義、牧民政策：今天以百姓當羊來牧他，明天羊肥了，就來吃他，你看中國幾千年的『一治一亂』，不是羊瘦牧羊，羊肥吃羊的後果麼？現在我們假設百姓是羊，我們要羊自己有能力來尋草吃，不要人來牧，那麼羊雖肥，不怕人來吃他的肉。」他說：

> 我們講教育的，要把教育的出產品，明明白白定個標準。首先，我們要造就活潑的個人。一個小孩子，本來就是活潑潑的，他會笑、會跳、會跑、會玩耍。近山就會上山採花捕蝶；近水就會去撈水草、拾貝殼、捕小魚；近田就會去捕蝗蟲、青蛙。他對於環境，有很多興會。他的手耐不住地摸這個，玩那個；腳耐不住地要跑到這裡，奔到那裡，眼耐不住地要瞧這個，看那個；口關不住地要說這樣、那樣。你看如何活潑。我們辦學校的，偏要把他捉將起來，關在無山、無水、無花、無鳥的學校裏；把他的手腳綁起來，讓他坐在椅子上不能動；把他的眼遮起來，讓他看不出四面關住的一個課堂以外；要他的口來念「天地玄黃，宇宙洪荒」「人之初，性本善」，種種沒有意義的句子。還有講歷史的時候，說什麼「黃帝戰蚩尤」這些話，小孩子本不識誰是黃帝，更不識誰是蚩尤。孩子聽了，好像火星裏打來一個電報。小兒的生長，要靠著在適當環境裏活動。現在我們把他送入「監牢」裏束縛起來，他們如何能生長？無論在小學裏，或在中學裏，我們要認定學生本來就是活的，他們的體力、

腦力、官覺、感情，自一天一天地發展。教育的標準就是：活潑潑
的，能改良社會的，能生產的個人。這就是我所矚望的中國教育的
未來。

——見蔣夢麟《我所矚望的好教育》一文

蔣先生指出：「孩子在的啟蒙階段看的書，很大程度上決定了他們未來的眼界、格局、價值觀。」《二十四孝》之屬在新教育觀的眼皮子底下，自然是不屑一顧的拉圾與糟粕。筆者在南京檔案局翻看民國商業舊檔時，無意間發現了蔣夢麟在教育部任職期間，為保護兒童而指示工商部查禁「迷信香煙畫片」的一份文件。事情的根由如下：

上世紀二十年代，煙草業為了爭取顧客窮其所思，絞盡了腦汁，尋求各種題目來印製隨煙附贈的香煙畫片，以帶動促銷。不少公司的招數不高，印製了一些「陰曹地府」、「牛鬼蛇神」，「奇門遁甲」、「裸女脫娃」的煙畫廣為散發。而收集、玩耍香煙畫片又是彼時兒童們的一大樂事。而內容不良，有害兒童的心靈的煙畫混珠面市，自然就遭到社會輿論的強烈抨擊。

當年，上海大東南煙草公司發行了一套《十八層地獄》的煙畫，是附贈於該廠出品的「白蘭地」牌香煙之內。畫片的內容是根據清人《玉曆寶鈔勸世文》改編繪製的，把豐都地藏王麾下的土地、城隍、賞善司、罰惡司、黑無常、白無常、判官、鬼王、牛頭、馬面以及地獄中的十殿閻君一一造像。還把冤魂厲鬼在十八層地獄被削鼻、割舌、抽筋、剝皮、下油鍋……種種酷刑，也都畫了出來。血淋淋地恐怖非常。同時，上海大東煙草公司出品的《女二十四孝》煙畫也渾然登場，也在傳播迷信。諸如「雷赦夙擎」、「為母解冤」、「孝婦卻鬼」、「誠孝度親」等，也把鬼魂、陰司訴著畫面。問世之後，輿論大嘩。出版者則言其初衷是一片慈孝之心，在傳播「諸惡莫作、眾養奉行」、「種瓜得瓜、種豆得豆」以勸人行善的循環報應。

當時，山東省濟寧縣教育局具文，鄭重地向民國教育部投訴了上海大東南煙草公司和大東煙草公司出品的煙畫是散佈迷信，宣傳鬼神，有悖新生活運動精神，要求「嚴行禁止，以免影響社會教育」。南京檔案館存教育部部長蔣夢麟簽署的《國民政府教育部咨文第 1053 號》稱：

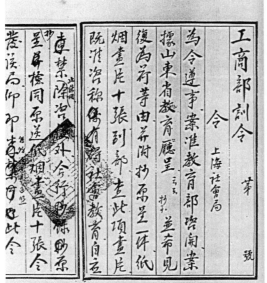

南京檔案館存國民政府工商部根據教育部部長蔣夢麟簽署的《國民政府教育部咨文第1053號》訓令上海社會局取諦宣傳牛鬼蛇神封建迷信的香煙畫片的訓令。

蔣夢麟先生小照

　　案據山東省教育廳呈，以據濟寧縣教育局呈送，上海大東南煙草公司所製之白蘭地捲煙包內，裝有種種迷信畫片，有礙社會教育，據情傳呈，鑒核查禁等情，並附畫片十張到部。係迎合愚民迷信心理，變本加厲，自應嚴行禁止，以免影響社會教育。唯事屬貴部主管範圍，除指令外，相應抄送原呈，速同原伸諮請查核辦理。至希見復為荷。此諮工商部。

　　文後有教育部部長蔣夢麟的簽署和教育部印章。最終，由上海社會局下達命令立即停止了這些煙畫的製作，並對已印出的煙畫予以銷毀，徹底禁止了這類煙畫的發行。此事雖然不大，但反映了當時蔣夢麟和教育部對兒童教育的主旨思想。

十三、《二十四孝》掙扎與沒落

蔡振紳《八德須知：女二十四孝》

　　儘管在新思想、新教育制度的影響下，那些對舊道德、舊孝道依然有所迷戀的傳統知識分子來說，他們對舊的《二十四孝》仍然有著戀戀不捨之情。1930 年，浙江湖州的一位飽學之士蔡振紳先生傾心瀝血地編撰了一部《八德須知》。書中選取了民國之前各種文化典籍中，相關古聖先賢的嘉言懿行的故事 768 則，涵蓋了中華五千年的傳統道德中，「孝、悌、忠、信、禮、義、廉、恥」八方面的內容。全書體例整齊嚴謹，內容豐富，問世之後影響很大。做為啟蒙讀物亦為一些民辦學校和私塾學堂所採用，易名為《德育課本》。書中的第一卷和第三卷各編撰了《男二十四孝》兩組。第二卷和第四卷各編撰了《女二十四孝》兩組，共 48 篇。為業已勢微的《二十四孝》又增羽添翼，推上了新的高度。其中《女二十四孝》兩組的篇目為：

一、皇英婦道	二、緹縈上書	三、曹娥投江	四、趙娥復讎
五、楊香搤虎	六、木蘭從軍	七、崔唐乳姑	八、張李丐養
九、小娥殺賊	十、志女求魚	十一、顧張待雷	十二、詹女仁智
十三、妙真祝壽	十四、趙婦感火	十五、儲範織蓆	十六、王陳剖肝
十七、趙王避疫	十八、王周典衣	十九、蘭姐善諫	二十、夏王糟糠
二十一、陸女悟父	二十二、秀貞諫母	二十三、吳馮感化	二十四、吳孫勸夫

　　《八德須知》第四集篇首的《女二十四孝》，其編目為：

一、太姒嗣徵	二、女娟持楫	三、周青含冤	四、梁嫕上書
五、盧李奔喪	六、屠女守墳	七、無忌覽仇	八、饒娥浮父
九、鄭楊求杏	十、妹妹殉母	十一、歷女守柩	十二、菊花無怨
十三、周徐同德	十四、彩鸞代父	十五、朱壽訴冤	十六、韓劉刺血
十七、諸娥釘板	十八、李甄拜道	十九、淑圓擊鼓	二十、桂李割乳
二十一、盧吳尋骸	二十二、陳高發鞍	二十三、劉女代耕	二十四、武江侍食

可見，蔡振紳為了近一步闡述古代女子孝行和在女德中的重要分量，堪稱頌揚女子孝道的集之大成者，其用心何其良苦。

因筆者的手頭資料有限，關於蔡振紳先生的一生行止考證不詳。僅從《八德須知》一書的自述和其纂修的《埭西蔡氏支譜三卷》（1936 年上海明善書局鉛印本）可知，蔡振紳生於清季咸同年間，出身浙江隸西詩禮旺族，以忠恕為本、孝道為先，飽讀為樂，家學淵源。似一生未仕，文友滿室，筆墨盈軒。時人對其所著《八德須知》評價甚高。自 1930 年刊行以來，一時洛陽紙貴，一版再版。時人有詩稱讚書中《二十四孝》云：

> 萬善求根本，從來孝最先。良知心上地，順德性中天。
>
> 養志能為子，通神即是仙。親親推愛物，反哺為鴉憐。

蔡振紳《八德須知》書影　　　　　《八德須知》中《二十四孝插圖》

蔡振紳在《八德須知》自序云：

> 吾家歷世祖宗崇尚德行，迭見縣志。先曾祖介眉公，諱祺昌，勤儉治家。……先祖班薰公，諱思襄，幼承母教，以「恕」字為傳家至寶。……先考紫岑公，諱丕著，庠名璜，別號趣園老人。……先姚龐太夫人，年三十八始生振紳，躬自鞠育，未嘗假手於乳保。先考晚年得子，遂致仕歸林，躬親訓誨。振紳四歲即教讀《孝經》。每夜必口授古人之嘉言懿行一則，輒以四字為題，如「虞舜耕田」、「姜肱大被」、「緹縈上書」、「木蘭從軍」等，均係「八德」中事，晝夜課讀。一歲之中，惟除夕、元旦二日輟讀。至七歲《四書》讀畢，十齡《五經》讀畢，十一歲復讀《廿一史》，及《爾雅》諸書，皆先考所親課也。遊庠後出就外傳，弟振綱亦外讀焉。先考著作宏富，久已付梓行世，壽六十九而終。先姚五十六歲棄養，自此抱恨終天，不復得聞訓誨矣。每念髫齡時，先考夜授古典，輒欲憶述之，而未果行。今福建黃繼谷先生本舊有「二十四孝」之例，編為《八德須知》。披覽之餘，觸動悲感，猶存口澤，風木徒傷。爰將童年受教於先考者，循例分編，不足則依史傳補之，非敢效顰，聊志先人德意。深望年長者日為其子女講一、二則，以立基礎，則振紳願以父執視之；年幼者能敬受體行，振紳願以弟妹視之。夫古人嘉言懿行，簡冊甚繁，不僅二十四則。恭逢我師述古老人三期普度，大道宏開，將來八德之人不可勝數。尤冀同志續編三集、四集、五六七八集，以奇數屬乾，偶數屬坤，而至於無窮盡也。其篇中誤記之處，尚祈諸大君子予以糾正，尤深幸焉。

《八德須知》書中，多處《緒餘》文字多引用李文耕先生的評論。可以推斷蔡振紳治學思想多受李文耕的影響。

《清史稿》中有《李文耕傳》稱：李文耕，字心田，雲南昆陽人。生卒為西曆 1763～1838 年。清朝嘉慶七年（1802 年）進士，派遣至山東任知縣，後因奉養母親請假歸家。母親去世後，守孝期滿，補任鄒平知縣。在鄒平，他政績卓著，不斷晉升，曾任泰安知府、山東兗沂曹道、浙江鹽運使，再調任山東。道光七年（1827 年），任湖北按察使，不久又調回山東，任職三年後，調任貴州。李文耕在任期間，深知貧苦百姓生計艱難，看重利益卻輕視倫理綱常，就寫有《家喻戶曉篇》，進行規勸開導。李文耕一生把推崇正學和糾正不

良社會風氣當作自己的責任，在為官和治學方面聲譽甚佳，從學者殊眾，死後人們在山東和浙江一帶名宦祠中多有祭祀。

明顯，蔡振紳是個守舊派，以「克己復禮」為己任，希望民國兒童均如他兒時一樣的習讀孔孟，謹遵「八德」，唯恐《二十四孝》不足以說明孝道之重，索性編出個《四十八孝》。對女德的教育更應加倍，把一些陳芝蔴爛穀子再精挑細揀地編在一起，繼續啟蒙兒童。口稱保存文化傳統，實是糶售陳糧，與時代前進而倒行。尤其在《女二十四孝》中，加入了「妹妹殉母」、「歷女守柩」、「朱壽訴冤」、「韓劉刺血」、「諸娥釘板」、「桂李割乳」等，有違常理且鮮血淋淋的故事，竊以為非旦不能為女子孝行彰顯孝道，而有增污添慘，狗尾續貂之嫌。

鮑國昌《女子二十四孝彩圖》

而有些通曉天下大事，視野開闊、思想開明知識分子，對《二十四孝》獨有鍾愛，並想去其糟粕、取其精華，擬發揚國萃，重振女德，而重新編輯《女二十四孝》的也有人在，那就是中國近代著名的大企業家鮑國昌先生。他編輯的《女子二十四孝彩圖》一書，在上世紀三四十年代曾影響一時。

鮑國昌小照

《女子二十四孝彩圖》書影

鮑國昌，清光緒二十八年（1902）生於浙江鄞縣，父親是當地縉紳，在鮑幼年時便因病去世了。鮑國昌隨母親和長兄國梁移居上海，母親篤信基督教，思想開明，鮑國昌便考進法國天主教會學校上學，學習英語法語，接受西方文化教育。1922 年，畢業於上海聖芳濟學院，畢業後入震旦大學研讀醫科。28 歲從商，與他人集資收購了德國人開辦的信誼化學製藥廠。自任董事長，兼任漢文正楷印書局董事。鮑國昌篤信實業救國的信條，以現代化的經營理念管理企業，生產中西醫藥產品達 100 多個品種，對國家經濟發展做出過一定貢獻。他為人忠厚、篤信孝道，對母親謹尊謹敬，《女子二十四孝彩圖》一書便是在他母親的指導下完成的。

鮑國昌的母親雖然是基督教教徒，但自小在浙江鄞縣一帶生活，深受當地封建文化和習俗的影響，認為身為女子必須遵從孝道，相夫教子、敬老惜貧是一生之要。她在上海的生活中，發現周圍的人們注重金錢利益而淡漠人情。深感人心不古，古訓乏陳。女子追求奢華，男子崇尚拜金，母子二人都產生了「代聖人言而教化眾生」的想法，編印一部精美的《女子二十四孝彩圖》傳及閨閣，也算是一大善事。於是，鮑國昌重金聘請了當時知名的畫家、中華書局美術部主任鄭午昌（1894～1952）執筆，繪製了二十四幅「古代女子孝行圖」，鮑國昌親撰文字說明，由馬相伯題箋，由上海信誼藥廠的名義於 1939 年精印成書，廣為散佈。

該書比清末明初出版的各種《女子二十四孝》及《八德須知》有所不同，刪去了「雷赦夙孽」、「孝婦卻鬼」、「為母解冤」、「誠孝度親」等神鬼迷信之說，代之以新的內容，如「賢后文母」、「操舟活親」、「一醮不改」、「舐目負土」故事，這不能不說是一大進步。發行之後，社會反響極大。初版僅數千冊，月餘售罄。其後，一版再版，接連數次，總印數達兩萬之巨，在當時是個十分可觀的數字。迄今，要研究《二十四孝》，鮑國昌是不能不說的一位人物。

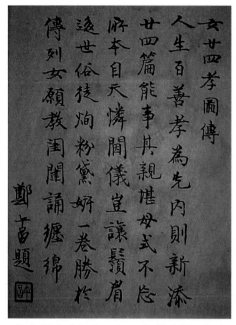

鄭午昌為《女子二十四孝彩圖》題寫的　　　鄭午昌繪《女子二十四孝彩圖》中的
《圖傳》　　　　　　　　　　　　　　　　《臂血和丸》圖

　　這些新編入的孝行故事，也都有歷史和文字根據，情節動人，值得一睹。
儘管如此，《女子二十四孝彩圖》也有硬傷和敗筆，仍然為時人詬病。那就是
頗受譴責的「臂血和丸」。

　　「臂血和丸」是個什麼故事呢？原文云：「明韓太初妻劉氏，孝於姑，姑
有風病，臥床日久，肉腐生蛆，劉氏拾而嚼之，又嘗刺臂或斬指出血和入丸
中，以給姑食，其孝思如此。」文後詩讚曰：「病久肉生蛆，拾來咀嚼餘。和
丸唯臂血，奇孝載圖書。」是說明朝人韓太初的妻子劉氏，特別孝敬婆婆。一
天，婆婆中風不起，日久肉腐生蛆。劉氏便把這些蛆蟲拾起來，用嘴咀嚼成
糜。而後刺臂，或斬破手指，擠出鮮血，再將蛆糜與血混合製成肉丸子，餵給
婆婆食用。她的這種孝思是多麼地感人哪！

　　筆者讀後十分噁心，掩口欲嘔，實不解這是一種什麼孝行。後來，經過
一位老中醫指迷，原來「臂血和丸」是一個古代驗方，即「人肉療疾」的一
種。

「人肉療疾」考

　　古中國是一個農業大國。自上古時期，先民刀耕火種、茹毛飲血，過著

靠天吃飯的農桑生活。每遇天災、旱災，水災、蝗災，田畝顆粒無收，桑盡蔬無，鄉野農村便會出現吃野草、啃樹皮，挖觀音土，最後發展到賣兒鬻女、易子相食的慘痛局面。翻開古籍，有關「人相食」的史料記載比比皆是。諸如《晉書》「稼穡不成」條云：「元帝太興二年，吳郡、吳興、東陽無麥禾，大饑」。「成帝咸和五年，無麥禾，天下大饑」。但皆為君王諱，而不記「食人」的事情。《宋史》所記「餓殍」及「人相食」事例就多了起來，使人看之心碎、觸目驚心。如：「建炎元年，汴京大饑，米升錢三百，一鼠直數百錢，人食水藻、椿槐葉，道殣，骼無餘胔。」「三年，山東郡國大饑，人相食，至車載乾屍為糧。」「嘉定二年春，兩淮、荊、襄、建康府大饑，米斗錢數千，人食草木。淮民刲道殣食盡，發瘞胔繼之，人相搤噬。」《明史》則記之更甚：「嘉靖三年，南畿諸郡大饑，父子相食，道殣相望，臭彌千里。崇禎六年，太原大饑，人相食。九年，南陽大饑，有母烹其女者。」及清，「食人」之事倍增。

其次，便是戰爭所造成的殘酷，「食人」事件頻出。唐代白居易在《江南旱》詩中就寫有：「是歲江南旱，衢州人食人」。當時，直接把人肉放到集市上售賣，一具中年男性屍體比一斗米還便宜。五代時的趙思綰領兵佔據長安時，將城中所有男女老幼全部殺光，給各個將領分食其肉，藉以鼓舞士氣。1162年，荒漠的蒙古草原誕生了一個「魔鬼般的天神」成吉思汗。《蒙古秘史》稱其一生下來便吃生肉，力大無窮，五六歲可以與蠻牛相搏。十幾歲就成了部族首領，率眾爭戰、勇猛無敵，殺人越貨如宰牛羊。1211年，他率領梟勇無敵的騎兵南侵，攻下金國的首都中都（即今日的北京）的時候，放縱兵勇大肆屠城。他們對城中手無寸鐵的百姓進行了一個多月的大屠殺，將全城的男女全部斬盡殺絕，老少無一幸存。他們縱火焚城，燒毀了北京城內外的一切房屋建築。使這座千年古都瞬間夷為平地。這也是北京城至今沒有發現一處宋代建築物的根本原因。商務印書館於 2004 年出版的《世界征服者史》一書，是 13 世紀波斯史學家志費尼（Malik Juwain，1226～1283）撰著的一部舉世公認的歷史力作。書中記錄了蒙古帝國遠征歐亞的歷史過程，也詳細地描寫了蒙軍殘酷的屠城史：

　　　　成吉思汗和他的騎兵每到一處，毫不例外地把當地的男女老少，按照一百人為單位聚集起來，然後，分給手下兵勇進行屠殺。這些蒙古兵使用各種殘忍的手段強姦、殺人，令人慘不忍睹。他們對宰割的對象進行百般折磨，恣意取樂。受害者臨死前淒慘的哀號和殺人者的

歡聲笑語摻雜混在一起，形成了一片正常人無法視聽的人間地獄。北京城內血流成河，屍骨如山。他們把死人的頭顱割下來，按照男女老少分類，擺成一座座高高的金字塔，用以炫耀他們的戰績和武功。蒙古兵燒毀了城中所有的殿宇和房屋，腐爛的死屍污染了城中的水井，即使有僥倖逃脫的幸存者，最終也都凍餓而死，或被瘟疫奪去生命。

在蒙古人殺戮和統治下，中國喪失了近7000萬人口。

蒙古帝國在中國境內的種族滅絕，作為世界記錄被登載在 1985 年版的《吉尼斯世界記錄大全》之中。最可恨的是，蒙古兵勇在出征打仗時，是從來不帶食物的。他們曾自豪地宣稱：「只要有人的地方，就有他們的糧食」。作為戰士，「只有戰死，永遠是餓不死的」。人肉就是他們的糧食。蒙古貴族撰寫的《蒙古秘史》一書中，曾高度贊場蒙古兵勇戰無不勝的軍威：「蒙古將軍哲別、忽必來等人，在打仗的日子裏，一向是以人肉作為行糧的。」

南宋出使蒙古的官員彭大雅、徐霆合著的《黑韃事略》中也記載：他們親眼看到，「牧而庖者，以羊為常，牛次之，非大宴會不刑馬。火燎者十九，鼎烹者十二三，饟而先食，然後食人。」元人陶宗儀所著的《南村輟耕錄》裏說：

> 天下兵甲方殷，而准右之軍（即困守淮右地區的蒙古軍）嗜食人，以小兒為上，……或使坐兩缸間，外逼以火。或於鐵架上生炙。或縛其手足，先用沸湯澆潑，卻以竹帚刷去苦皮。或盛夾袋中，入巨鍋活煮。或男子止斷其雙腿，婦女則特剜其兩乳，酷毒萬狀，不可具言。

上圖為商務印書館出版的波斯人歷史學家志費尼著《世界征服者史》一書的插圖。野蠻的蒙古兵在中亞地區進行慘酷屠殺的同時，還進行了瘋狂的「性殖民」。所到之處對婦女進行姦殺淫虐，至使今日歐亞不同種族的男女的身上都存有蒙古人的血脈。

至於人肉可以治病的案例，最早見於在俄羅斯博物館保存一篇標有《中國敦煌藏經洞遺書 P. 3680 號》的元人手寫殘卷（即《敦煌變文集新書》第卷八），文中有一則「割股醫親」的故事。寫有「開元年間，河陽王武子妻至孝。武母久患虜疾，人謂母曰：若得人肉食之，病得除。婦聞克，遂自割腿上肉作膳，奉送武母，母得食之，病即立善。」明代《本草綱目》則明明白白的記有「人肉療疾」的藥方，但李時珍說得明白，這個藥方並非他本人發明，而是唐開元中，明州人陳藏器的發明。《本草拾遺》載「人肉療羸瘵。自此閭閻有病此者，多相效割股」。

《本草綱目》中關於「人肉療疾」的書影

關於「臂血和丸」之類的故事在《元史》、《明史》列傳中的記載中很多。如：元朝女郎氏，湖州安吉人，宋進士朱甲妻。「家居，養姑甚謹。姑嘗病，郎禱天，刲股肉進啖而癒。」「又有東平鄭氏、大寧杜氏、安西楊氏，並少寡守志，割體肉療姑病。」「秦氏二女，河南宜陽人，逸其名。父嘗有危疾，醫云不可攻。姊閉戶默禱，鑿己腦和藥進飲，遂癒。父後復病欲絕，妹刲股肉置粥中，父小啜即蘇。」與之相較，明韓太初妻劉氏的「臂血和丸」也就見怪不怪了。但是，鮑國昌的「臂血和丸」，潘守廉的「剖肝救姑」，蔡振紳的「韓劉刺血」、「諸娥釘板」、「桂李割乳」之類的「人肉療疾」說，都是即不人道又不科學的謊言，在前代不知害了多少愚男癡女。

對偽孝道的揭露

《本草綱目》的確記載了一些「人肉療疾」的藥方，但是，李時珍說得

明白，這類藥方並非他本人發明，而是從古代的藥書中收集而來的。而其責任全部咎於唐代的陳藏器。李時珍說：

> 張杲《醫說》言：唐開元中，明州人陳藏器著《本草拾遺》，載人肉療羸瘵。自此閭閻有病此者，多相效割股。按：陳氏之先，已有割股割肝者矣；而歸咎陳氏，所以罪其筆之於書，而不立言以破惑也，本草可輕言哉？嗚呼！身體髮膚，受之父母，不敢毀傷。父母雖病篤，豈肯欲子孫殘傷其肢體，而自食其骨肉乎？此愚民之見也。按：何孟春《餘冬序錄》云：江伯兒母病，割脅肉以進。不癒，禱於神，欲殺子以謝神。母癒，遂殺其三歲子。事聞太祖皇帝，怒其絕倫滅理，杖而配之。下禮部議曰：子之事親，有病則拜託良醫。至於呼天禱神，此懇切至情不容已者。若臥冰割股，事屬後世。乃愚昧之徒，一時激發，務為詭異，以驚世駭俗，希求旌表，規避徭役。割股不已，至於割肝，割肝不已，至於殺子。違道傷生，莫此為甚。自今遇此，不在旌表之例。嗚呼！聖人立教，高出千古，韙哉如此。

明代吳昆所編著的《醫方考》也支持這一觀點。他在該書卷三《虛損勞瘵門第十八股肉屬性》中，闡述了自己的觀點，他說：

> 同類固不可食，虧體豈曰事親？且俞、扁、淳、華，上世神良之醫也，未聞用人肉以治疾，而閔損、曾參之孝，亦未嘗割股，所以來要名之行者，藏器其作之矣。

吳昆還對陳藏器的這個荒唐的藥方致人傷殘一事，給予了堅定的批評。其後凡有良知的中醫，對「人肉療疾」一事均視為妄談，無人醫用。但在鄉野迷信落後的地方，仍有庸醫遊巫視之為「秘方」至寶，胡使濫用。而一些因孝至昏的愚婦癡漢，尤自沉迷其間，直至民國仍屢屢發生血案。

孝的血案

筆者在前些時候偶然間在《東方歷史評論》（2019年6月）讀到了韓福東先生寫的一篇文章《割股療親「二十四孝」製造的民國血案》，頗有價值，遂介紹於此。韓先生在文中例舉了民國期間，上海一帶發生的與「二十四孝」有關所釀成的種種悲劇，以活生生的事實揭露了「二十四孝」對社會造成的不良影響，和對「行孝者」所造成的危害。筆者從中摘取了當年《申報》、《崇

善月報》、《星光》等報刊所報導的時事新聞數款，以說明此事。

一，《申報》曾記述 1919 年，五四運動後三個月，在上海浦東一家火柴廠作工的寧波人邵仲友，寓居在小東門侍暉街二十一號。他二十幾歲，是個孝子。這一年夏天，正逢上海瘟疫流行，他的母親染病後送醫院醫治無效，氣息奄奄，命在垂危。邵仲友於是跪地禱天，願以身代母受病。邵仲友讀過些古書，想到古有割股療親之事，決心傚仿。他偷偷割掉左肱肌肉一塊，煎湯奉母。沒想到母親病重，竟難以將肉湯灌入咽喉。邵仲友既悲且痛，暈了過去。他的姐姐看見他血流滿襟，才知弟弟割股了。悲劇性在於，割股並沒能感動上天，他的母親還是去世了，他本人也要住院接受治療。

二，《崇善月報》第 30 期刊發過一篇《孝子割肉療親（上海）》的新聞，作者李恨人報導：「前月因（周某）母親患重症，幾已不起。某日母昏迷中，自言自語曰：何處得來人肉，則病或有痊癒之一日。語為周某所聞，思言非無因，即取利刃一柄，割去股肉一小塊，自為烹煮，進母食之。數日後，病果瘳。而其母以昏迷故，病不知己曾食股肉也。孝子亦不以告。近其母已恢復常態，病已全消矣。噫，孝感動天，精誠所至，金石為開。若周孝子者，其心雖苦，其孝亦足嘉矣。是不可以湮沒也。因表而出之。」但李恨人深通春秋筆法，所言孝子周某無名、無址，無法查證，皆疑為妄言。

三，《申報》報導，民國作家周瘦娟的母親汪太夫人，1944 年因癌症病逝後，對外宣傳中也有如下一節：「太夫人苦節四十年，並曾割股療親，向以節孝為鄉里所稱道。」

四，《申報》記者許承緒身體力行，在母親患病時「於延醫為之診治外，見其母病勢益劇，嘗親侍湯藥，夜不安枕，並曾背人割股以療，嗣幸其母病得以轉危為安，始為釋然。」在許承緒 1940 年病逝時，《申報》的相關報導中，特別突出強調了他的這一事蹟，不僅沒有覺得分毫不妥，進而還讚歎道：「其孝思之篤，尤令人欽景，足風末世。」

五，1946 年 11 月 6 日《星光》刊發的一則新聞《割乳療親孝子喪命》就顯得更為真實。故事的男主人公叫卞建章，江蘇鹽城人，其父卞福運時年五十歲，家道小康，有稻田數十畝。卞建章年 18 歲，此前在鹽城一家藥材行任職。1946 年夏，為避匪亂父子逃難到了無錫，住於本部洛社區西漳鄉第六保照牆前草屋內，平日代人耕田度日。是年 10 月，卞福運患傷寒重症，醫治無起色，卞建章於是背著親人持菜刀將胸前乳部的肉割下數塊。當下血流如注，

幾致昏厥，他自己勉強用布包紮起來，而後以人肉與青菜同煮，侍奉老父，同時更進以湯藥。卞福運病情略見起色，而卞建章則因流血過多，創口發作，雖經醫師診治，仍不免氣絕身死。實為「二十四孝」製造的民國血案，並不為過吧。

六，1947年，《申報》記者在批評民國元老吳稚暉題箋的《新編的女子二十四孝》時說：

> 其中大部分是承制前二十四孝的寓意，最後有一篇「臂血和丸」還得說一說，這件事是從「割股療親」蛻變而來，然而這流毒至今還有，不必編者再來提倡。「臂血和丸」講的是明朝韓太初的妻子劉氏，「孝於姑，姑有風病，臥床日久，肉腐生蛆，劉氏拾而嚼之，又嘗刺臂或斬指出血和入丸中，以給姑食，其孝思如此。」所謂「病久肉生蛆，拾來咀嚼餘。和丸唯臂血，奇孝載圖書。」病體裏的蛆蟲何以要用牙齒咀嚼吃掉？又為甚要自殘以血肉給姑婆食用？這行為或許太令當代人費解，但在長達千年的時間內，它都被認為是一種表達孝思並治療絕症的無上法門。……如果這書是印給中年的一輩看，我以為他們自己已是做父親的人了，只希望：兒子來孝順他們，倘要他們照「二十四孝」去孝順六十歲以上的老人未必高興吧。假使是做給少年的一輩看的，我不敢願他們看這種書。因為這書裏的故事，若以現代的眼光來分析，其中有不少非但沒有裨益於少年，並且還包含著迷信的殘忍的無智的等等毒素在內。例如，孟宗「哭竹生筍」，王祥「臥冰求鯉」，這是根本不合情理的奇蹟。什麼董永「賣身葬父」卻會碰著仙女，不是近於鼓勵叫人出世嗎？還有郭巨夫婦的「為母埋兒」，他們虐殺下一代而保存老朽者，這是什麼思想？難道叫今日的人再來玩這一套！大家學了老萊子「戲綵娛親」和庾黔妻的「嘗糞憂心」即可「進世界於大同」了。我真佩服編者先生的苦心！

筆者認為，「二十四孝」就是一層裹著封建主義的包裝紙，一但為人戳破，其中的神秘色彩也就全都褪了顏色。其實就孝道而言，如用現代的語境來對之評價，其內容即有優、亦有劣，即有是，亦有非，即有益處，也有害處。全面肯定，則過於冬烘，全面否定，則欠虧人情。對之或若三七開，或若四六開皆不為過。總之，自新文化運動的興起，幾篇檄文便把「二十四孝」拉下了神

壇，從此進入頹勢。直至上世紀五十年代，無產階級專政和以「以階級鬥爭為綱」的治國方略，早已把「忠、孝、節、義」，「禮、義、廉、恥」，「仁、義、禮、智、信」，當做污泥淖水掃進了歷史的拉圾堆。「文革」運動爆起之初，「二十四孝」便遭到了滅頂之災，而徹底地崩塌。

十四、《二十四孝》的崩塌

　　中共中央十一屆六中全會和十九屆中央委員會第六次全體會議，兩次通過了《若干歷史問題的決議》。明確地指出由於某位領導「對當時我國階級形勢以及黨和國家政治狀況作出完全錯誤的估計，發動和領導了文化大革命，林彪、江青兩個反革命集團利用了某領導的錯誤，進行了大量禍國殃民的罪惡活動，釀成十年內亂，使黨、國家、人民遭到新中國成立以來最嚴重的挫折和損失，教訓極其慘痛。」其目的是告誡全國人民千萬不要忘記這段悲慘的歷史。「文革」不僅給全民族經濟與文化釀成「十年浩劫」，同時，嚴重破壞了中華民族優良傳統的道德觀和價值觀。

造反有理

　　由於上層領導關於治國的方針政策出現了嚴重的分歧，一場巨大的政治風暴籠罩著北京，已釀成烏雲壓頂之勢，始無前例的「無產階級文化大革命」的疾風驟雨，終於在 1966 年 6 月 1 日爆發出來。「四人幫」經過縝密的策劃，在《人民日報》發表了《橫掃一切牛鬼蛇神》的社論，吹響了煽動全國動亂的號角。該文章瘋狂地喊出：「要徹底破除幾千年來一切剝削階級所造成的毒害人民的舊思想、舊文化、舊風俗、舊習慣。要用無產階級的鐵掃帚橫掃一切牛鬼蛇神」。在這群惡魔的煽動下，一大批懵懂無知的中學生開始鬧騰起來。他們貼出《無產階級革命造反精神萬歲》的大字報，高喊：「革命就是造反」，「修正主義統治學校十七年了，現在不反，更待何時？」「我們既然要造反，就由不得你們了！我們就是要把火藥味搞得濃濃的。爆破筒、手榴彈一起投過去，來一場大搏鬥、大廝殺。什麼『人情』呀，什麼『全面』呀，都滾一邊去！」（見清華大學附屬中學紅衛兵：《無產階級的革命造反精神萬歲》刊於

《紅旗》1966 年第 11 期）。就此，許多中學紛紛成立了紅衛兵組織，要用鮮血「誓死保衛黨中央，把無產階級文化大革命進行到底！」他們為了響應「革命無罪，造反有理」的最高指示，便開始了史無前倒地大破「四舊」。

剛一開始，全國掀起了一股改名潮。紅衛兵率先把所謂帶有「封、資、修」色彩，帶有孔孟之道特徵「仁、義、禮、智、信」的名子統統改掉。對於極具封建氣味的「孝」字，猶為重視，凡是人的姓名中帶有「孝」字的，如「孝祖」、「孝仁」、「孝悌」、「孝宗」之屬，紛紛改為「文革」、「向東」、「東紅」、「衛東」、「衛彪」等革命的新詞。接著波及含有「仁、義、禮、智、信」的名字，也要統統改過。例如，筆者在工廠勞動時，有一個師傅姓毛，他為孩子改名可就犯了大愁，思來想去不敢落墨。於是將大兒子改叫「毛選」，二兒子改叫「毛語錄」。同事說：「這樣改名太直白，不行。不如改為『毛雨露』，就文明得多了。」如今看似笑話，可在當年這種事情比比皆是。

造了反的紅衛兵在大街上跳「忠字舞」

接下來，造了反的紅衛兵開始衝出學校，殺向社會，把凡是與「封、資、修」沾邊的地名、店鋪、公交車站、單位名稱，全都改了起來。例如，同仁醫院改為工農兵醫院，協和醫院改為反帝醫院，東安市場改為東風市場，長安街改為東方紅大路。此風迅速波及全國，紅衛兵開始「拆佛像、砸廟宇、毀宗祠、掘祖墳」，徹底根除「孝道」，更是不在話下。各地有關「二十四孝」的遺

址、遺跡，均在掃蕩之中。諸如舜帝陵，拆了！曾子廟，刨了！董永祠，毀了！曹娥江，改名「紅軍江」！孝感市改為「向陽市」！真是勢如破竹，橫掃千軍！「革命無罪，造反有理」，成為最響亮的革命口號。在無政府的狀態下，造反的紅衛兵不管幹什麼事，包括無法無天的壞事，也全都是對的。

大破「四舊」

中國引以為豪的千年文化遺產，成為這次破「四舊」的摧毀對象。從七月起，「抄家風」席捲了北京的千家萬戶，在 20 天左右的時間裏，就有 10 萬多戶被抄。這些家中珍藏的文化對象都是掃蕩目標。被譽為「中國最後一個大儒」的國學大師梁漱溟先生，他在回憶家中被抄的情景時說：「他們撕字畫、砸古玩，還一面撕一面唾罵是『封建主義的玩意兒』。最後一聲號令，把我曾祖父、祖父和我父親在清朝三代購置的書籍和字畫，還有我自己保存的古玩字畫，統統堆到院裏付之一炬。」「民國四公子」之一的張伯駒先生不無詼諧地說：「我家被抄得更慘，幾屋子書、幾架子畫，被燒得連個紙條兒都沒剩。幸虧我有先見之明，老早就把展子虔的《遊春圖》、陸機的《平復帖》、杜牧《贈張好好詩》和范仲淹《道服贊》都主動捐給了國家，要不然它們也就此駕鶴西去了。看來，大凡國寶都是有靈氣的，厄運未至先挪窩兒，這才逃過了這一場浩劫呀！」

造了反的革命者在破「四舊」，燒毀「封資修」的對象

這些造了反的孩子們，專以砸爛一切「四舊」為宗旨，橫衝直闖、打家劫舍般地把北京城內外砸了一個遍。全國各地紛紛仿傚，把中國的傳統文化翻了個底朝天，也毀了個底朝天。運動後期，據中央文物部門統計，僅北京市第一次文物普查中保存下來的 6843 處文物，竟有 4922 處被搗毀。全國上下約有 1000 多萬人家被抄沒，散存在各地民間的珍貴字畫、書籍、古玩、玉器、珍寶、文物，無計其數地在熊熊烈火之中化為灰燼。在抄家運動中，批判鬥爭「封建社會的殘渣餘孽」、「封建主義的孝子賢孫」也隨之展開。僅筆者所知，北京第一批殉道者便是李蓮英的後人一家，在官園的批鬥會上，便有四人當場殞命……。

時任北京市市長吳德在其口述的《回憶錄》中說：「文革伊始，中央領導層乃至絕大多數地方省、市領導，並不瞭解這場革命的真實意圖何在。1966年 7 月 29 日，北京市委召開全市大中學校文化革命積極分子大會，劉少奇在會上也說：至於怎樣進行無產階級文化大革命，你們不大清楚，我也不大知道，你們問我革命怎麼革，我老實回答你們，我也不曉得，我想中央的其他領導人也不知道。」

作家巴金在文化大革命後撰寫的《回憶錄》中寫道：

> 這些天我滿腦子都是二十年前的事情。彷彿重溫舊夢，又像有人在我面前敲警鐘。舊夢也罷，警鐘也罷，總有一點隔岸觀火的感覺。不象刑場陪綁，渾身戰慄，人人自危，只求活命，為了保全自己，不惜出賣別人，出賣一切美好的事物。那種日子。那種生活。那種人與人之間的關係。真是一片黑暗，就像在地獄裏服刑。我奇怪當時我喝了什麼樣的迷魂湯，會舉起雙手，高呼打倒自己，甘心認罪，讓人奪去做人的權利。當時大家都像發了瘋一樣，看見一個熟人從高樓跳下，毫無同情，反而開會批鬥，高呼口號，用惡毒的言詞攻擊死者。……

老子英雄兒好漢

1966 年 7 月 29 日，在紅衛兵運動的風潮中，北京航空學院附中的一個名叫譚力夫（前中國最高檢察院副檢察長譚政文之子）的學生貼出了一副對聯，上聯是「老子英雄兒好漢」，下聯是「老子反動兒混蛋」，橫批是「基本如此」。率先將封建氏族門閥的「血統論」搬上了「文革」的祭壇。這一

觀點恰恰迎合併助長了以出身為優勢的造反派的氣焰。他在萬人大會上聲嘶力竭喊道:「我們的老子是用身家性命和鮮血打下來的天下,老子的兒女就應該當之無愧地保天下、守天下、坐天下。常言說:龍生龍、鳳生鳳,老鼠的兒子會打洞。我們都是革命的鳳胎龍種,我們所做的一切都是革命的、正確的!」

　　這副對聯為根紅苗壯的「高幹子弟」撐腰壯膽,加之「四人幫」的暗中縱踊,使造反的學生更加肆無忌彈、胡作非為。狂熱的對聯支持者和近千名「高幹子弟」上街遊行,高呼「老子英雄兒好漢,老子反動兒混蛋」的口號,成立了「首都紅衛兵聯合行動委員會(簡稱聯動)」和令人談虎色變的「西城區紅衛兵糾察隊(簡稱西糾)」,使「血統論」在社會上得到進一步的張揚和發揮。他們穿上褪色的舊軍裝,腰繫寬大的軍用皮帶,橫衝直撞、肆意而為。非「紅五類」出身的學生在政治上受到歧視和壓制,被斥之為「狗崽子」,剝奪了他們一切權利。從此,開始批鬥、毆打所謂「地、富、反、壞、右,及其子弟」,中學、大學和一些公共場所內,皮帶的抽打聲和怒斥聲不絕於耳,無數殉道者死於非命。據有關部門統計,1966 年 8、9 月間,僅北京市內就打死 1742 人。8 月 27 日至 9 月 1 日,大興縣的 13 個公社、48 個大隊,先後處死「四類分子」及其家屬 325 人。其中,年齡最大的 80 歲,最小的僅出生 38 天,22 戶人家死絕。「血統論」在全國導演了無數人間慘劇!

撰寫「出身論」的作者遇羅克。1970 年 3 月 5 日以反革命罪判處死刑。

鼓吹「血統論」的譚力夫,後改名譚政,文革後被委任故宮博物院院長。

就在那個狂熱的年代，有一個人勇敢地站了出來，公開質疑「血統論」，他就是遇羅克。遇羅克是個普普通通的高中畢業生，兩次參加高考，儘管成績優秀，但因出身於所謂的「資產階級家庭」，不准進入大學。為了瞭解社會，遇羅克到南郊農村當了農民。在農村，他看到「血統論」現象更殘酷的一面，親眼見到一些所謂的地。富出身的親屬子弟被殘酷的鬥爭，死於非命。遇羅克拍案而起，在《中學文革報》上公開發表了長篇論文《出身論》。原本印刷的三萬份報紙在北京街頭被搶售一空，不得不臨時加印六萬份。《出身論》對「血統論」進行了猛烈的批判，贏得千百萬人的強烈支持。他在文中指出：「在表現面前，所有的青年都是平等的。」「無論什麼出身的青年，都應該享受平等的政治待遇。」文章的核心就是呼喚平等與尊嚴。

結果，「四人幫」的爪牙戚本禹誣衊遇羅克的《出身論》是「反黨反社會主義的大毒草」，並誣陷他組織「反革命集團，妄想復辟資本主義」。1968 年 1 月 5 日，北京市公安局將其逮捕。並 1970 年 3 月 5 日，在北京工人體育場十萬人大會上，公安部部長謝富治宣判遇羅克死刑，立即槍決。死時的遇羅克年僅 27 歲。此冤案一直到「四人幫」被捕後的第三年的 11 月 21 日，遇羅克才得以平反，北京市中級人民法院正式宣告遇羅克無罪。

說到這兒，筆者想起了一件事。2010 年上海舉辦世博會期間，加拿大文更中心的梁燕城博士組織我們一行人，到上海、新疆和北京諸大院校進行文化交流。會餘期間，北師大招待我們遊覽故宮。在參觀珍寶館的時候，遇見時任故宮博物院院長的譚政（當時我們誰都不認識他），他正在給一群政協委員講解故宮保護國寶的規化方案。忽然從群眾參觀的隊伍中擠出來一位長者，他面帶譏諷地指著這位院長說：「你不是譚力夫嘛？！哈哈，怎麼改了名字啦！」聞者莫不愕然。

子教三娘

文化大革命初期，「四人幫」就在各大報紙廣造輿論，聲稱「現在，大學、中學、小學大部分被資產階級、小資產階級、地富出身的人壟斷了。」「這是一場嚴重的階級鬥爭，不然將來要搞修正主義的，就是這一批人。」就此，吹響了學生批鬥校長、老師們的號角。

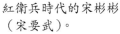
紅衛兵時代的宋彬彬
（宋要武）。

宋彬彬和他的老戰友在向卞耘老師的塑像賠禮道歉。

自古以來，尊師敬道是中國優秀的傳統文化，老師與「天、地、君、親」的地位一樣，使人敬重膜拜，體現了社會「尊師愛教」和「師道尊嚴」的道德傳統。而 1966 年 8 月 5 日，師大女附中黨總支書記兼副校長的卞仲耘被學生們批鬥，群毆致死，成為北京市第一個死於「文革」的教育工作者。使卞仲耘致死的直接責任人，時任該校紅衛兵頭頭的宋彬彬登上天安門，為毛澤東戴上紅袖章並改名「宋要武」。在其影響下，「紅八月」期間北京教育界被打死的校長、老師和教職員工便有千人之眾。從此，學生打老師的暴力延及全國，慘遭屠戮的教職員工更是無計其數。

宋彬彬是開國上將宋任窮的女兒，文革後移居美國，並加了入美國國籍。2014 年 1 月 12 日，北師大女附中「老三屆」學生與多名老師及家屬的見面會上，從美國回來的宋彬彬表示，「對卞校長的不幸遇難負有責任。並向卞仲耘的丈夫王晶垚道歉。」八十多歲的王晶垚則鄭重聲明，稱宋彬彬的道歉是虛偽的，並表示在真相沒有大白之前，不接受她們的道歉。

在那段瘋狂的歲月裏，陳小魯的名字也是廣為人知的「英雄」。他是陳毅的兒子，北京八中的「造反」學生的領袖和「聯動」「西糾」的總司令。他在造反的時候，有句著名的口號：「過去有齣戲是『三娘教子』，現在我們要『子教三娘』！」在這場浩劫中，四中黨支部書記華錦和高家旺老師自殺身亡，許多師生被打致殘。

當他事業有成且步入晚年的時候，陳小魯懊悔地說：「那是一段不堪回首，

但要終身面對的日子」，使他一直坐立不安。他說：「像曹操講的譬如朝露，去日苦多。有話不說，就太晚了」。他覺醒了，他知錯了。2013 年 10 月 7 日，他在自己的母校，正式向曾在「文革」運動中被迫害的老師和同學們鄭重道歉。

搗毀孔家店

1966 年 10 月，「四人幫」指使北京師範大學紅衛兵頭頭譚厚蘭，去山東曲阜「造孔家店的反」。11 月 9 日，譚厚蘭率領 200 餘名紅衛兵來到曲阜，聯合曲阜師範學院紅衛兵，一起聲討孔夫子。要砸爛孔府、孔廟和孔林，以示徹底剷除封建主義的殘渣餘孽。11 月 12 日下午，「全國紅衛兵徹底砸爛孔家店樹立毛澤東思想絕對權威革命造反聯絡站」成立。15 日，孔府大門前舉行「徹底搗毀孔家店誓師大會」，率先砸碎「全國重點文物保護單位」的石碑。然後率領紅衛兵們分頭衝進孔府、孔廟、孔林、周公廟，砸碑、拉匾、搗毀塑像。將至聖先賢們的頭顱像踢足球一般地踢來踢去。巨大的「大成至聖文宣王」碑被拉倒，斷為兩截。從北京趕來的中央新聞電影製片廠攝影師跑前跑後，記錄下這一驚世之舉。

革命小將組成「挖墳戰鬥隊」，動用了雷管和炸藥，將孔墳一一炸開，從墓中扒出了屍體，明搶暗盜地將墓中金銀文物劫取一空。據曲阜「孔子博物館」的原始記錄記載：自 11 月 29 日起，他們共毀壞歷史文物 6000 餘件，燒毀古書 2700 餘冊、各種字畫 900 多幅，毀壞歷代石碑 1000 餘座，其中，包括國家一級文物 70 餘件，珍版古籍 1000 多冊，這場浩劫是全國破「四舊」運動中損失最為慘重的一幕。

「四人幫」稱讚譚厚蘭他們「造反造好得很」，挖墳掘墓之風迅速刮遍全國，神州大地凡史籍中有記載的古人的墳墓，幾乎被挖掘殆盡。凡與「二十四孝」中人物的墳墓和碑刻，如曾子祠、丁蘭故居、鞭打蘆花處、曹娥祠等自然也在劫難逃！

造反派在搗毀曲阜孔子廟

子弒親母

安徽固鎮縣的張紅兵（現為北京市博聖律師事務所律師），他在 2013 年《財新週刊》第 7 期上發表了一篇名為《一個文革「逆子」的懺悔》的文章，懺悔自己「禽獸不如」的罪惡行徑。他在接受《新民週刊》採訪時，更詳細地講述了自己在「文革」中「弒母」的經過。他說：

> 事情發生在 1970 年 2 月 13 日夜晚，我們家人在一塊辯論「文化大革命」，母親說：「我就是要為劉少奇翻案！毛澤東為什麼搞個人崇拜，到處都是他的像！」作為毛澤東的忠實紅衛兵，我立即投入了對母親的批判鬥爭，這個時候我父親張月升說：「從現在起，我們就堅決和你這個堅持反動立場的現行反革命分子劃清界線，你就是敵人，我們鬥爭你！你把你剛放的毒，全部寫出來！」母親寫完一張紙以後，父親就拿著這張紙，出了家門，他沒有告訴我出去幹什麼，我意識到：父親可能去縣有關部門報案。

張紅兵回憶說，當時他非常震驚。他說：「在我的印象中，一貫緊跟黨走、工作積極、待人親切的母親竟能說出這些話！頓時，她在我心目中的形象完全改變——她不是我的母親，而是一個張著血盆大口、青面獠牙的階級敵人！」張紅兵說：「在我的腦海裏、融化到我的血液中、落實到我的行動上的是紅歌——『爹親娘親不如毛主席親』、『毛澤東思想是革命的寶，誰要是反

對它，誰就是我們的敵人」，這是一種條件反射。我擔心父親沒有真的去報案，作為毛澤東的一名忠實的紅衛兵，為了證明自己在與母親這個『階級敵人』進行鬥爭的過程中『站穩了無產階級革命立場』，我馬上寫了封檢舉信。當晚就把信和我的紅衛兵胸章一起，塞進和我家同住縣衛生科大院的軍代表宿舍的門縫裏。」張紅兵在揭發信中寫道：「在激烈的鬥爭中，我想到毛主席，渾身增添了無窮的力量。我打開收音機，收聽毛主席的聲音，讓方忠謀發抖吧！」（見 2013 年張紅兵文《一個文革「逆子」的懺悔》）。他在發給《新民週刊》記者的電子郵件中寫道：

> 父親和縣公檢法軍管組負責人、軍代表張排長等人進入臥室，對著我母親的腿就端了一腳，她一下就跪地了，然後就像捆粽子一樣，用帶來的繩子把她五花大綁捆了個結結實實。這是我第一次看見捆人，現在都能記得：母親被捆時，肩關節發出「喀喀」的聲音，我的心一陣緊縮。……我的頭「轟」的一聲，似乎像爆炸、被掏空，整個身體也彷彿不是自己的。這是我生來第一次從來沒有過的極其奇特、極端痛苦、無法忍受的感覺。我的這種痛苦持續了一個月左右，是最糟糕、最令我無法承受、甚至想去死的感覺。

張紅兵的母親方忠謀被宣判死刑時的照片　　張紅兵檢舉母親寫的材料

4 月 11 日，是宣判的日子。那一天，張紅兵到了公判大會現場。

> 看母親跪在臺上，一個荷槍實彈、全副武裝的男軍人揪住她的頭髮，把她的腦袋硬往下按——要她向廣大革命群眾低頭認罪；但是，按著她的手一鬆，她的脖子一擰，立刻就昂起頭。宣判結束，

　　她被人拖上停在主席臺旁邊的解放牌大卡車車廂時，掉下了一隻腳
上穿著的黑色平跟帶襻皮鞋。

　　方忠謀以「反革命罪」被判處死刑立即執行。張紅兵當時已不願前往槍
決現場。記者問張紅兵：「是否聽說過『親親相隱』的古訓？對父親舉報母親
你怎麼想？」張紅兵說：「我在此案發生的過程中起了關鍵性作用：當晚父親
離家外出時，並未直接告訴我說他出去報案。當時，我懷疑父親不是真的去
報案，於是自己寫了檢舉信。如果當時父親堅持不報案，按照我的堅決態度，
極有可能將父親、母親一起告發，父親就會因『包庇現行反革命分子方忠謀』
罪名被抓，父親、母親將會一道被審判。……我還要向父親道歉，因我的告
發使他失去妻子，『文革』中我還貼過父親大字報，作為兒子的我不應當這樣
做。」

　　1980 年代，張紅兵考上了當地電大中文系。一天，在上古代文學課的時
候，他讀到了明代散文家宋濂寫的《猿說》一文：

　　　　武平產猿，猿毛若金絲，閃閃可觀。猿子尤奇，性可馴，然不
　　離母。母黠，不可致。獵人以毒傅矢，伺母間射之，母度不能生，
　　灑乳於林，飲子。灑已，氣絕。獵人取母皮向子鞭之，子即悲鳴而
　　下，斂手就致。每夕必寢皮乃安，甚者輒抱皮跳擲而斃。嗟夫！猿
　　且知有母，不愛其死。況人也耶？

　　張紅兵對記者說：我看到這些的時候，真若五雷轟頂！就在自己心裏面
痛罵自己：「張紅兵啊張紅兵，你畜生不如啊！動物還有親情，還有母子之情，
你呢，你有嗎？」

　　以上是張紅兵在醒悟之後，並向公眾坦誠地陳述在那個人妖顛倒的時代
自己所犯下的罪行，是一篇十分難得的、震撼人心的警世教材！其實，在那
個瘋狂的時代孝道無存，為了「革命」，夫弒妻子，子弒母親的事例在全國已
屢見不鮮！劉少奇的女兒劉平平曾大義滅親，主演了一齣「智擒王光美」的
鬧劇。試想一度權傾一時的薄熙來，在他當紅衛兵的時候，曾一腳踢折了他
的父親薄一波的三根肋骨。他的妻子薄谷開來，竟能用毒藥親手毒死她的朋
友海爾伍德。這些有背天理人性、倫理道德的勾當，無一不應受到千夫所指
的報應。

　　綜上所述，造了反的暴徒們可以打著「革命」的名義，「打、砸、搶、抄、
殺」，殺人越貨，毀壞文物，欺師滅祖、背叛家庭，揭發父母，刨墳掘墓、挫

骨揚灰。經此「浩劫」，還有什麼尊師敬長，還有什麼孝敬父母，還有什麼孝
道可循，還有什麼道德可溯！「孔家店」的至聖先師都要腰斷三截！孟子祠
堂的塑像都已粉身碎骨！「孔孟之道」都刨了祖墳，「二十四孝」還算個什麼
東西？！新文化運動時期對「孔家店」的針砭，對「孔孟之道」的批判，對
「二十四孝」的遣責，還只是停留在口殊筆閥的階段。而在這場史無前例的
「浩劫」中，所謂封建的一切皆都拆戟沉沙、灰飛煙滅了。「二十四孝」已徹
底地崩潰癱塌。

十五、《二十四孝》的重建

先從「愛」字教起

1976 年 9 月 9 日，毛澤東壽終正寢。10 月 6 日，華國鋒、葉劍英、汪東興代表中共中央政治局，逮捕了江青、張春橋、王洪文、姚文元等「四人幫」及其在北京的幫派骨幹，宣布為害十年的「文化大革命」勝利結束！從此，開始了撥亂反正，平反一切冤假錯案等海量工作，促使中國的經濟政治生活重新走入正軌。重塑社會信仰，重建社會道德，也邁出了艱難的步伐。

上世紀八十年代，筆者曾在中國經營報工作，當時的北京市委宣部部長是陳昊蘇和李筠同志。陳昊蘇是陳毅的長子，他生於 1942 年，自小受父母影響，愛好文學和詩歌創作。他的工作很接地氣，且富有人性味。他親身經歷過「文革」起伏跌宕的歲月，深知重塑社會倫理道德的重要性。在一次各大報紙記者參加的宣傳工作會議上，陳昊蘇很衷懇地說：「在四人幫十餘年的破壞中，社會風氣敗壞，已達到是非完全顛倒的地步。在所謂革命的幌子下，學生不敬老師，孩子不敬父母，人情冷漠，親情疏遠，好壞不分、善惡難辨。古人倡導的仁義禮智信、天地君親師，一概被批倒批臭。那麼，作為中國公民誠信全無，何以立於社會？如何為人民服務？青年人在生活和學習中，與親人缺親少義，對師長離心離德，如何為社會做出應有的貢獻。我認為目前的宣教工作，應該先從世道人心做起，不妨先從一個愛字做起。孔子說的愛人和仁愛，是維繫社會團結、穩定、互助、進步的基本原則。不能說打倒孔老二，就否定了天理人倫和道德風範。」接著，陳昊蘇建議大家先從最簡單的

方法入手，宣傳人和人見面要有禮貌，先打招呼，互相問候。分手時，要說再見。見到老人上車要讓座兒，見到兒童跌倒，要把他們扶起來……（在場的人哄堂大笑），陳昊蘇說：不要笑，全國人從上到下，從老到少都能做到這一點，已算是撥亂反正了。

不久，全國總工會、婦女聯合會、共青團中央等九個單位聯合向全國人民特別是青少年發出倡議，開展以「講文明、講禮貌、講衛生、講秩序、講道德」和「心靈美、語言美、行為美、環境美」為主要內容的「五講四美」文明禮貌活動。傳統的「孝道」宣傳隨之復蘇。

傳統戲的恢復

中國的傳統戲劇做為「國粹」的一種，在人民大眾的欣賞品評和意識形態的潛移默化中，一直佔有舉足輕重的地位。在「文革」發動之前的 1964 年，傳統戲劇已做為封建社會的殘渣餘孽全部封箱禁演了。代之以江青搞的八個革命樣版戲，佔領了中國的全部舞臺。而且，長達十年之久。這裡且不論樣板戲的是非功過，但十年的鼓噪，使全國觀眾早已進入麻木失聰的狀態。「文革」後，出於對「四人幫」餘黨的政治審查，八個樣板戲一度封殺。造成戲曲舞臺空曠傍徨的局面。可不可以恢復傳統戲，誰也不敢做主。

《四郎探母》是一出典型的宣揚孝子的骨子老戲。楊四郎不畏生死，為盡孝道，從敵營化裝出關，看望失散多年的母親，十分深刻感人。但這齣戲的內容一直攪在政治風雲之中，時批、時贊，時禁、時放，波波瀾瀾、周折不斷，一直禁演了二十多年。但是，它又是一出人民群眾最喜聞樂見的劇目之一。「文革」後，復刊不久的《北京晚報》總編王紀剛，找到了剛剛復職的中國戲校老校長史若虛，提出「你敢不敢排《四郎探母》？」史若虛說：「我敢！」「好，你敢唱，我就敢為你吹喇叭！」二人一拍即合。於是，這齣戲的恢復就落在了剛從戲校畢業的王蓉蓉、翟建東等一幫學生身上。他們在張君秋先生的指導下，在很短的時間裏，就在學校的排演場裏排完這齣戲。《北京晚報》也真賣力氣，牽頭主辦宣傳對外演出。在天橋大劇場連演七場，觀眾滿坑滿谷，一票難求。張伯駒先生在孫女的攙扶下，擠到後臺找票，在場的人員一一個都連連搖頭，愛莫能助。

但是，好景不長，剛唱完這七場戲，《四郎探母》就遭到上級的申斥和極「左」勢力的聲討，斥之為為封建的孝子賢孫翻案，為封建的孝道觀翻案。高

壓之下，《北京晚報》寫了深刻的書面檢討。王紀剛就此丟官罷職，病退回家，不久抑鬱而終。就此，傳播「孝道」的《四郎探母》便掩旗息鼓了好幾年。

　　但是，戲劇本身是不堪寂寞的，群眾需要文藝來彌補「文革」後期思維失緒的空白與空間。勇於突破禁區的海淀評劇團團長賈茂松先生，率先提出排演評劇傳統戲《秦香蓮》，由評劇表演藝術家王琪領銜主演。並與全國政治中心天安門一側的勞動劇場議定，連演十天。且在勞動人民文化宮門前貼出了巨幅廣告。《秦香蓮》的巨幅畫像竟與馬、恩、列、斯、孫中山一起亮相在天安門廣場之上，實可謂開天闢地第一回，影響之大，轟動九城。人們連夜排隊購票，購票的隊伍從勞動人民文化宮橫穿金水橋，一直排到了中山公園。十場戲，三萬張戲票一日售罄。人人皆知，《秦香蓮》是針砭那個「餓死父母、殺妻滅子、欺君枉上不孝之人」的陳世美，最終被鐵面無私的包拯嚴懲於狗頭鍘下。演出的盛況和觀眾經久不息的掌聲，足以證明，人們對傳統道德和忠孝節義的蘇醒與呼喚。隨著開放搞活，政府對傳統舊劇的開放已不再禁錮，《秦香蓮》非但沒有禁止，而且，市文化局還為之頒發了「優秀劇目演出百場獎」。

海淀評劇團在勞動人民文化宮首場演出傳統戲《秦香蓮》全體演員謝幕的場景，該戲深受觀眾歡迎，謝幕長達十多次，觀眾仍然不願離去。

　　在這齣戲的帶動下，中國評劇院、中國京劇院和北京京劇院也相繼演出了此劇，形成了轟動一時的「《秦香蓮》熱」。隨之《三娘教子》、《打侄上墳》、《李逵探母》、《打龍袍》、《打金磚》等一系列宏揚孝道的傳統戲也陸續登場。電視臺也開始播放李多奎的《弔金龜》，「二十四孝」唱段又開始廣泛流傳起來。廣播電臺亦開始播唱關學增的《鞭打蘆花》、《木蘭從軍》。上海也唱起了《庵堂認母》、《陳三五娘》。天津舉辦了「楊柳青傳統年畫大展」，《二十四孝》

圖鄭重其事地懸掛在展廳的正中央。從此,「二十四孝」就再也不是違禁的話題了。

八榮八恥

鄧小平主政之後,除了提出「開放搞活」「以經濟建設為中心,一百年不動搖」的政治主張之外,還對全國人民提出要做「有理想、有道德、有文化、有紀律」的「四有新人」。要求提高中華民族的思想道德素質和科學文化素質。對全民進行素質教育,反思「文革」的倒行逆施,培養新的道德觀。

胡錦濤主政時期,他向全民更提出了以「八榮八恥」為核心的榮辱觀。突出強調「誠實做人,誠信做事」、「尊老愛幼,敬賢師能」,樹社會公德新風,展精神文明新貌。孟子曰:「無羞惡之心,非人也。」朱熹說:「恥者,吾所固有羞惡之心也。有之則進於聖賢,失之則入於禽獸,故所繫甚大。」胡錦濤對這些話予以新解,強調「只有知榮辱,才能明是非、辨美醜」。一旦榮辱不分,勢必混淆是非、善惡、美醜的界限,不僅道德倫理大廈根基動搖,就連整個社會風氣也會受到嚴重影響。

諸大報紙談古論今,大力宣傳中華民族傳統的榮辱觀,以孔子、孟子、荀子為代表的先秦儒家,在兩千多年前,他們就提出了以「仁、義」二字為判斷榮辱的標準。諸如「不知榮辱乃不能成人」,「寧可毀人,不可毀譽」,「寧可窮而有志,不可富而失節」,「立大志者,貧賤不能移,富貴不能淫,威武不能屈」等語,均折射著中華民族精神的優良品質。「愛國守法、明禮誠信、團結友善、勤儉自強、敬業奉獻」二十個字係公民基本道德規範,體現在社會公德、職業道德、家庭美德建設各個環節。因為時代的前進,這些新的表達形式遠比「二十四孝」的封建說教科學進步,去掉「二十四孝」中的糟粕,取其人倫教育的精華,對穩定社會、團結民眾、家庭和睦、尊師敬長、相親相愛,都是民族精神的一大回歸。

弘揚孝敬文化

末幾,國務院辦公廳印發了《關於實施中華優秀傳統文化傳承發展工程的意見》的通知,要求各地區有關部門認真貫徹落實。《意見》書強調:文化是民族的血脈。中華文化獨一無二的理念、智慧、氣度、神韻,增添了中國人民和中華民族內心深處的自信和自豪。中華民族和中國人民在修齊治平、遵時守位、知常達變、開物成務、建功立業過程中培育和形成的基本思想理念,

如革故鼎新、與時俱進的思想，腳踏實地、實事求是的思想，惠民利民、安民富民的思想，道法自然、天人合一的思想等，可以為人們認識和改造世界提供有益啟迪，可以為治國理政提供有益借鑒。傳承發展中華優秀傳統文化，就要大力弘揚講仁愛、重民本、守誠信、崇正義、尚和合、求大同等核心思想理念。

文件中特別提出，中華優秀傳統文化蘊含著豐富的道德理念和規範，如天下興亡、匹夫有責的擔當意識，精忠報國、振興中華的愛國情懷，崇德向善、見賢思齊的社會風尚，孝悌忠信、禮義廉恥的榮辱觀念，體現著評判是非曲直的價值標準，潛移默化地影響著中國人的行為方式。傳承發展中華優秀傳統文化，就要大力弘揚自強不息、敬業樂群、扶危濟困、見義勇為、孝老愛親等中華傳統美德。同時，要求加強歷史文化名城名鎮名村、歷史文化街區、名人故居保護工作。大力發展文化旅遊，充分利用歷史文化資源優勢，弘揚孝敬文化、慈善文化、誠信文化等文化認同。

保護和弘場「孝文化」就此提上了各省、地文宣部門的議事日程。

《二十四孝》特種郵票發行

為了挖掘傳統，弘揚孝道文化，中國郵政於 2014 年 9 月 30 日分兩組發行了《中華孝道》特種郵票。規格為 30 毫米×50 毫米。齒孔度數為 13.5 度。這組郵票設計的精巧漂亮、淡雅美觀，堪稱郵票中的精品。

第一組郵票四枚，內容分別為「孝感動天」、「湧泉躍鯉」、「替父從軍」、「學醫療親」。第二組則是「百里負米」、「親嘗湯藥」、「文姬續書」、「愷之畫母」。據說，這套系列郵票將分六組發行，力圖完整展現中國「孝道」傳統，因之俗稱《二十四孝》。

不過，這八個孝子的典故已有了新的改變，增添了「學醫療親」、「文姬續書」、「愷之畫母」三個新故事。「學醫療親」，是講孫思邈為了給母親治病，刻苦學醫，不捨晝夜。「文姬續書」則是講，蔡文姬遵父蔡邕遺囑，為其整理遺作，即使被擄至匈奴十二載，仍不忘父託，憑記憶寫下父親遺著四百卷。「愷之畫母」，則是顧愷之兒時因思念亡母，立志為母畫像，後來，不僅將母親的肖像畫得惟妙惟肖，更成為畫壇一代名家。唯可惜不知什麼原因，後邊幾套迄今未見續發。

中國郵政發行的兩套《中華孝道》特種郵票

　　眾所周知，中國郵政每發行一套郵票都有著重大的文化、政治內涵。這套郵票的發行，一是反映出傳統的「二十四孝」在民間有著強烈的殘存記憶，也說明國家正在努力挖掘和重建「道德文化」，使「二十四孝」登上了「國家名片」的地位，其深遠意義決不可等閒視之。

郭居敬博物館

　　福建三明大田縣責無旁貸地成為恢復孝文化的先驅。挖掘《二十四孝》修編者郭居敬的文化遺產，重新建設郭居敬故居遺址，建設《郭居敬博物館》，將弘揚孝道文化融入文明實踐活動，推進孝道傳承，是促進社會和諧的一項重要工作。

　　把《郭居敬博物館》變成宣傳孝道「好陣地」，成立郭居敬孝文化研究會，修建《二十四孝》文化牆和孝道文化廣場，以展現「先賢」成長的足跡和人格力量，是三明縣變祭祀祠堂為文明傳播的新殿堂的一件大事。深入挖掘「二十

四孝」的文化內涵，使其走進單位、校園和企業，引導廣大幹部職工、市民群眾盡孝愛親。形成學校、家庭、社會三結合機制，可以有效的提升市民素質。

新建《郭居敬博物館》園林中郭居敬塑像

新建《郭居敬博物館》中的郭居敬明教堂

同時，鄰近的尤溪縣也是宋代大儒朱熹的出生地，朱熹的「孝為行仁之本與仁為行孝之基」的思想在尤溪深入人心。遂在敬愛堂內重新恢復了朱熹手書的「孝」字，生動地體現了「孝、悌、忠、信、禮、儀、廉、恥」的為人準則。重建郭居敬博物館對孝道傳承有著重要的現實意義。

「二十四孝」遺址的修葺

在政府強有力的號召下，「孝敬文化」得以尊重和復蘇，「二十四孝」也脫去「封建遺孽」的喪服，在賦以新概念、新包裝的理念下獲得了新生。

舜陵　湖南省寧遠縣城九疑山瑤族鄉舜源峰北麓，重新修建了孝天子舜帝的陵廟。而且，成為第六批全國重點文物保護單位。廟前碑廊重刻唐人朱慶餘的《舜井》詩：「碧甃磷磷不記年，青蘿深鎖小山巔。向來下視千尋水，疑一是蒼梧萬丈天。」還有宋代詩人陸游《舜廟懷古》詩：「雲斷蒼梧竟不歸，江邊古廟鎖朱扉。山川不為興亡改，風月應憐感慨非。孤枕有時驚喚夢，斜風無賴客添衣。千年回首消磨盡，輸與漁舟送落暉。」遊人至此，頓生懷古之情。

湖南省寧遠縣城九疑山瑤族鄉舜源峰下新修建的舜陵，陵前有大舜石像。

曾子廟　位於山東省濟寧市嘉祥城南的曾子故里，有一組歷史悠久、氣勢輝宏的古建築群，人稱曾廟，是孔子高足曾參的專享廟宇。「二十四孝」中「齧指痛心」的故事，便是發生在這裡。「文革」中該廟被嚴重破壞，如今山東省政府對之修葺一新，並定為省級一級保護文物。

修葺一新的山東省濟寧市嘉祥城南曾子廟

郭巨埋兒處 河南安陽姚村鎮的三孝村，據說是漢代郭巨夫婦為母埋兒的地方，漢宣帝褒獎郭巨為孝子，並賜村名為孝子莊（埋子莊），而今此名已恢復沿用。並且在村莊的一側建有「郭巨埋兒處」，以誌紀念。

據當地人講，郭巨墓遺址原有漢孝平帝親題「名傳千古」的匾額，為世代祭祀。歷朝有頹必修。「文革」中郭巨墓祠廢圮，然碑文大意為村中遺老保存至今。墓周圍有方株古柏，茂盛蒼翠。墓後二百步，便是郭巨祠。墓前一百步，有小河，世稱孝子河，河前便是郭巨埋兒處。而今保存下來的郭巨墓祠孝感社，是中國現存最早的石築石刻房屋建築，在世界建築史上也佔有極高的地位。

郭巨墓祠孝感社的漢代的石築石刻房屋建築

郭巨墓的碑石拓片

　　鞭打蘆花車牛返村　安徽省蕭縣西南約 15 里處的杜樓鎮孟窯地區,有個「鞭打蘆花車牛返村」。據說是孝子閔子騫幼年生長的故地,因「鞭打蘆花」的故事為歷代政府譽為至孝,因此,得了這麼一個中國最長的村名。如今,村首特意修建了「鞭打蘆花車牛返處」的石碑。村中大影壁刻有明朝尚書李化龍頌揚閔子騫的詩:「閔子祠堂官道西,蘆花滿地草萋萋。階前幾棵長松樹,不是慈烏不敢棲」。用以宣傳孝道精神,從而,成了一處旅遊勝地。

安徽省蕭縣杜樓鎮孟窯「鞭打蘆花車牛返村」村首的「鞭打蘆花處」石碑

該村每年在閔子騫生日時舉行廟會,由鄉里的劇團演出「鞭打蘆花」的故事。

　　此外,山東省濟南市市區還有一座閔子騫墓,目前也在歷下百花公園得以修復,並且在這裡還建起了一座「孝文化博物館」。據專家考證,閔子騫曾在此地為官多年,逝後葬理於此,故予以隆重修復,建成一座弘揚孝道的文化基地。

　　姜詩故里　據中新社成都記者范明報導,四川省德陽市文物考古研究所在德陽市孝泉鎮發現一條罕見的宋代「孝街」,專家認為這裡是「姜詩故里」。目前正在進行搶救性發掘。德陽孝泉的孝文化底蘊深厚,特別是作為「二十四孝」之一的姜詩,「一門三孝」的故事傳播遐邇,甚至遠到東南亞地區。目前德陽市播出鉅款,擬將姜詩故里和姜詩居處修葺一新,使之成為招商引資和發展旅遊事業的一大王牌。

姜詩故里和姜詩居處已修葺一新，成為德陽的一大景致。

臥冰求鯉遺址 著名的「二十四孝」之一王祥臥冰的故事，在《晉書》中早有記載。相傳河北鹿泉市羊角莊村、山東臨沂、山西鹽城、河南洛陽等地也都有王祥「臥冰求鯉」的遺址。但據專家認定，河南遂平縣和興鄉金劉村王莊的萬泉河，才是王祥「臥冰求鯉」的正確是處。2009 年 6 月，「臥冰求鯉」傳說被列入河南省級非物質文化遺產項目。

山東臨沂白沙埠鎮在孝河畔立有古碑「晉元公王祥臥冰處」

　　然而，山東臨沂白沙埠鎮對河南申辦的非物質文化遺產項目堅決否認，一再申述王祥「臥冰求鯉處」是在臨沂。白沙埠鎮鎮前有條東西流向蜿蜒數里的小河穿鎮而過，在他們看來，它不是一條普通的河，它源遠流長地承載著中國幾千年來的優良傳統的孝河。據《臨沂縣志》記載，孝河發源於茶山南麓桃花嶺，流經孝友村，至諸葛村匯入沂河。就在白沙埠鎮有一個亭子，亭內有一古碑刻有「晉元公王祥臥冰處」。

　　此外，山東濱州高新區小營街道有個王祥店村，據乾隆二十八年撰修的《蒲臺縣志》記載：「晉，王祥，字休徵，琅琊人，早喪母，繼母朱氏，數譖之，由是，失愛於父，每使掃除牛下，祥愈恭謹，母嘗欲生魚，時值冰凍，解衣將剖冰，冰忽解，雙鯉躍出。累官至太保，邑東南三十里王祥店，世傳其微時，寓居之處舊有廟，今已無存」。就是說，王祥官居太保時曾在此居住，舊有王祥廟，亦稱相公廟，毀於乾隆二十八年之前。為爭此聲跡，現已重建。

　　丁蘭故里　南宋吳自牧《夢粱錄卷十五·歷代古墓》和明田汝成《西湖遊覽志餘》均記有「丁蘭母冢，故居在艮山門外三十六里丁橋之右，母死，刻木事之如生，冢在姥山之東。」其故址，也就是今日江蘇豐縣丁家集。據民國刊本《豐縣鎮史話》記載，明嘉靖二十三年（1544年）和清乾隆二十三年（1758年）當地縉紳曾兩次集資重修了丁公祠。

民國刊本《豐縣鎮史話》中丁蘭祠的原貌的插圖

江蘇豐縣丁家集新修葺的丁蘭祠

　　丁蘭故居位於徐州市豐縣鳳城鎮丁蘭集村張奎忠家內。文革期間，故址慘遭破壞，僅存殘碑三通，一通為清乾隆三十二年（1767）重修丁公祠碑，碑額「聖朝旌表」四字篆書，碑文記丁蘭刻木祀母及修祠經過，另兩碑為修祠人姓名。近幾年徐州市在挖掘傳統文化的同時，對丁蘭故居進行了修葺。丁蘭集村民十分崇拜丁蘭，時常到此燒紙、敬香人流不斷。

　　哭竹港　湖北省孝感市孝昌縣是漢江夏大司馬孟宗的故鄉。「哭竹港」位周巷鎮青山村，現為農田。墩坡遺址處於群山環抱之中，山清水秀，風景絕佳。該遺址現在列為縣級文物保護單位，1999 年，該址收錄《中國文物地圖集》之內。

　　曹娥祠　史載：東漢元嘉元年（151 年），上虞縣令度尚為孝女曹娥投江處造墓建廟，豎立石碑，由弟子邯鄲淳撰寫了碑文。清嘉慶三年（1798 年）廟前增建照壁牆和左右兩座石轅門，修雙檜亭和過廊三間。並在廟前修建了一座「御碑亭」。浙江巡撫阮元親書曹娥碑一通，立於廟中。民國十八年（1929 年）三月，蔣介石曾偕夫人宋美齡來曹娥廟瞻拜孝女。同年七月，曹娥廟毀於大火。後來，當地鄉紳任鳳奎募資重建曹娥廟。「文革」中，曹娥廟遭到徹底破壞，一度成為批判封建孝道的教育基地。1984 年，上虞縣人民政府撥款三十三萬重修曹娥廟，並闢為旅遊點向公眾開放。而今，曹娥廟被定為浙江省級文物保護單位。

以上兩圖為重修後的曹娥廟和曹娥墓

孝感的努力

除以上諸「二十四孝」遺址得以恢復重建之外，湖北省孝感市則是全國唯一以「孝」命名的地級市。在重建傳統孝道文化起著舉足輕重的作用。據孝感市政府網介紹：

> 孝感的第一個縣名為「孝昌」，來歷不同尋常。據史記載，南朝宋世祖孝武帝三子劉駿（454～464年在位）為武陵王時，曾駐孝躍西陽（今湖北黃岡東）。元嘉三年（453年），文帝長子劉劭弒父奪位，改年號為太初。劉駿率部討「逆」成功，取得皇位。他為了鞏固皇權，倡導孝行，改年號為孝建，並下令嘉獎有孝行的人入朝為官，「孝悌義順，賜爵一級」。隨即於孝建元年（454年），在鄳縣南境置一新縣，名為「孝昌」。以褒揚此地孝子之多和孝行的昌盛。同時，也表明了自己要「以孝治國」的決心。至五代後唐時期，莊宗李存勖為避其祖父李國昌的名諱，於同光二年（924年）改孝昌為「孝感」，其意指孝親之情感天動地，此名一直沿用至今。這個名稱充溢著孝感獨具的孝文化的鮮明色彩。唯在文化大革命中，孝感一度被造反派改為「東風」縣，撥亂反正後，最終還是回到了歷史賦予它鑄造的文化定勢。

古人編定的「二十四孝」中，孝感就佔了三個孝子：董永、黃香、孟宗。而且黃香和孟宗都是正史有傳的真實人物，董永雖是傳說人物，但亦有所據。除此之外，再加荊門地區的老萊子「戲綵娛親」，襄陽地區的丁蘭「刻木事親」

和武漢黃陂「代父從軍」的孝女花木蘭，湖北省不愧是地地道道的孝文化大省。湖北眾多的孝鄉故里，首推孝感。僅清朝光緒年間編撰的《孝感縣志》記載的有名有姓有事蹟的孝子就有 493 人，民間孝子更是多的不可勝數。

孝感市也是當前推行孝文化做得最好的城市，孝感當代孝子譽滿全國。在全國舉辦的「尊老、愛老、助老」主題表彰會上，孝感推薦的全國孝親敬老典型人數最多、影響最大。孝感有著眾多的孝文化遺址，久負盛名的孝文化土特產，豐富的孝文化民間表演藝術。總之，孝文化是孝感市最具特色的地域文化。目前，孝感市正致力於孝文化的建設，集中湖北孝文化資源，打造「中華孝文化名城」，努力使孝文化成為湖北文化百花園中的一支鮮豔奇葩。

參考文獻

1. 李德生藏上海大東煙草公司在上世紀二十年代發行的《二十四孝》。

2. 李德生藏上海大東煙草公司在上世紀二十年代發行的《女二十四孝》。

3. 陳谷嘉、吳增禮《論「二十四孝」的人倫道德價值倫理學研究倫理學究》2008 年。

4. 江玉祥《宋代墓葬出土的二十四孝圖像補釋》《四川文物》2001 年。

5. 盧青峰《宋代孝文化述議——從宋代墓葬體現的孝文化因素談起》《安陽師範學院學報》2007 年。

6.（日）福澤諭吉《勸學篇》的原文：「古來和漢にて孝行を勸めたる話は甚（はなは）だ多く、廿（にじゆう）四孝を始（はじめ）として、その外（ほか）の著述書も計（かぞ）うるに遑（いとま）あらず。然（しか）るにこの書を見れば、十に八、九は人間に出來難き事を勸るか、又は愚にして笑うべき事を說くか、甚（はなはだ）しきは理に背（そむ）きたる事を譽（ほ）めて孝行とするものあり。寒中に裸體にて氷の上に臥（ふ）し、その解（とく）るを待たんとするも人間に出來ざることなり。夏の夜に自分の身に酒を灌（そそぎ）て蚊に喰（く）われ、親に近づく蚊を防ぐより、その酒の代を以て紙帳（しちよう）を買うこそ智者ならずや。父母を養うべき働（はたらき）もなく、途方に暮れて罪もなき子を生きながら穴に埋めんとするその心は、鬼とも云（い）うべし蛇とも云うべし。天理人情を害するの極度と云うべし。最前（さいぜん）は不孝に三ありとて、

子を生まざるをさえ大不孝と云いながら、今こゝには既（すで）に
生れたる子を穴に埋めて後を絶たんとせり。何（いず）れを以て孝
行とするか、前後不都合なる妄説（もうせつ）ならずや。畢竟（ひ
つきょう）この孝行の說も、親子の名を糺（ただ）し、上下の分を
明（あきらか）にせんとして、無理に子を責るものならん。」──
「學問ノスヽメ」（八編）。

7. 魯迅《二十四孝圖》見自《朝花夕拾》北京未名社出版 1928 年。

8. 后曉榮《河北涿州元代壁畫墓孝義圖解》《青年考古學家》第 17 期 2005
   年。

9. 后曉榮《中國最早最成熟的二十四孝》《光明日報》2015 年。

10. 秦嵐《「二十四孝」在日本》。

11. 對鳧老人編著《女二十四孝圖說並詩》上海三友實業社再版 1909 年。

12. 鮑國昌《女子二十四孝彩圖》上海信誼化學製藥廠版 1939 年。

13. 王樹村《中國民間年畫》浙江教育出版社 1989 年。

14. 李德生《煙畫三百六十行》臺灣漢聲出版公司 2001 年。

15. 朱元石《吳德口述十年風雨紀事》當代中國出版社 2013 年。

16. 吳虞《家族制度為專制制度之根據論》《中國青年》1919 年。

17. 韓福東《割股療親「二十四孝」製造的民國血案》《東方歷史評論》2019
   年。

18. 朱紅林《張家山漢簡〈二年律令〉集釋》社會科學文獻出版社 2005 年。

19. 中共中央十一屆六中全會和十九屆中央委員會第六次全體會議通過的
   《若干歷史問題的決議》2021 年。

20. 王友琴《女性的野蠻，重讀在卞仲耘罹難 55 週年之際》見《女博士生校
   園隨筆》北京出版社 1988 年。

21. 張紅兵《一個文革「逆子」的懺悔》見《新民週刊》的採訪 2013 年。

22. 國務院辦公廳《關於實施中華優秀傳統文化傳承發展工程的意見》2017
   年。

23. 《湖北孝感市的地名來歷和其獨特的孝文化》見《孝感政府網》。

24. 政協河南省長葛縣委員會文史資料研究委員會編纂《長葛文史資料》。

25. 尊聞閣主人編撰《點石齋叢書》上海點石齋石印，1885 年。

26. 巴金《巴金隨想錄》上海文藝出版社出版，2008 年。

27. 《河南程氏遺書》上海古籍出版社出版，2000 年。

28. （美）鄭麒來《中國古代的食人》中國社會科學出版社，2014 年。

29. （波斯）志費尼《世界征服者史》商務印書館，2004 年。

30. 張紅兵《一個文革「逆子」的懺悔》《財新週刊》，2013 年第 7 期。

31. 清華大學附屬中學紅衛兵《無產階級的革命造反精神萬歲》刊於《紅旗》1966 年第 11 期。

32. 白化文《敦煌漢文遺書中雕版印刷資料綜述》。